不同支付方式下网购供应链协调策略研究

徐　娜　白世贞/著

国家自然科学基金面上项目"差异化支付行为影响下的网购供应链协调机制研究"（71671054）资助

科　学　出　版　社

北　京

内 容 简 介

本书主要研究了不同支付方式下网购供应链协调策略。网购环境中不同支付方式下消费者购物体验不同，消费者购物行为各异，进而影响供应链节点企业运营决策。本书首先围绕支付服务、网购消费者行为及网购供应链协调等方面进行文献分析，以此提出本书研究内容的创新之处；其次，构建不同支付服务环境下网购供应链体系，描述不同支付服务对网购供应链的作用机理；再次，分别分析不同支付方式下线上企业的价格决策及价格和库存联合决策，并就不同支付方式影响下消费者购物体验的不同，研究了网购供应链协调策略；最后以京东商城网购供应链为例进行案例分析。

本书可供任何感兴趣或有需要的读者阅读，尤其对网购交易中支付服务设计、网购消费者行为及网购供应链协调研究领域的研究生、学者及企业管理者等具有一定的指导价值。

图书在版编目（CIP）数据

不同支付方式下网购供应链协调策略研究 / 徐娜，白世贞著. —北京：科学出版社，2019.3

ISBN 978-7-03-060827-7

Ⅰ. ①不… Ⅱ. ①徐… ②白… Ⅲ. ①网上购物－供应链管理－研究 Ⅳ. ①F713.365.2 ②F252.1

中国版本图书馆 CIP 数据核字（2019）第 047189 号

责任编辑：王丹妮 / 责任校对：贾娜娜
责任印制：张 伟 / 封面设计：无极书装

科 学 出 版 社 出版
北京东黄城根北街 16 号
邮政编码：100717
http://www.sciencep.com

北京盛通商印快线网络科技有限公司 印刷
科学出版社发行 各地新华书店经销

*

2019 年 3 月第 一 版 开本：720 × 1000 1/16
2019 年 9 月第二次印刷 印张：7 1/4
字数：150 000

定价：68.00 元
（如有印装质量问题，我社负责调换）

前　　言

随着科技的进步和互联网的普及，网络与我们的生活关系越来越密切，这推动了网络购物（online shopping，简称"网购"）市场的蓬勃发展。网购已经成为拉动消费的重要渠道、推动经济发展的新引擎。近年来，网购交易额持续增加，网购规模不断扩大。网购，已然成为人们生活必不可少的一部分，同时也是企业创新发展的新途径。网购市场以消费者为导向，消费者购物体验直接影响网购行为，进而影响网购供应链的绩效。然而，网购虚拟环境的复杂性、网购交易的异步性，以及监管机制不健全等因素，导致网购投诉量不断增加，消费者购物体验持续下降，阻碍了网购市场的进一步发展。因此，网购供应链应该进行服务创新，以消除消费者在信任和便利方面的担忧，改善消费者的网购体验，从而进一步拉动消费。

支付服务多样化，被视为一项有效改善网购消费者购物体验的创新方式，在现实中受到广泛应用。网购交易活动中，线上预付是应用最广泛的支付方式。然而，其付款、收货不同步的特点容易引起消费者在安全方面的担忧，其支付流程的标准化又易产生消费者在便利方面的担忧。为消除消费者对网购过程的担忧，改善消费者购物体验，众多电商企业纷纷推出线下支付服务，即传统的"一手交钱、一手交货"。线上、线下支付方式作为差异化支付服务的存在，能满足消费者对网购信任度和便利性方面的不同需求，由此成为电商企业吸引消费者、拉动消费的有效手段。然而，线上、线下支付方式产生的经营成本不同，创造的经营绩效各异，因此，需要根据不同支付方式设计相应的网购供应链策略以改善消费者网购体验并最优化网购供应链绩效。

信任体验和便利体验是网购过程中消费者的两种主要体验，直接影响消费者效用，决定消费者的行为。不同支付服务下消费者信任体验和便利体验不同，对网购供应链的影响也就不同。从支付角度入手，考虑差异化支付服务下消费者不同购物体验的影响，分别对线上预付及双支付模式下网购供应链中线上零售商的最优价格和库存决策进行分析，展示信任和便利体验对消费者行为决策、零售商经营决策及经营绩效的影响。基于此，需要深入研究网购供应链协调策略。网购供应链协调不仅要实现网购供应链中的个体最优，还要实现供应链系统最优。将消费者购物过程中信任体验和便利体验影响分别反映到供应链需求函数中，设置相应协调机制，并引入合理的供应链契约，构建网购供应链协调决策模型，利用最优化理论获得基于不同购物体验的网购供应链协调策略。在本书最后，以京东商城网购供应链为例，首先验证网购供应链决策的有效性，然后对前文所得网购供应链协调策略进行实际分析，为差异化支付服务在具体实践中的应用，以及网购供应链协调策略的制定提供有力的科学依据和理论指导。

本书由山东工商学院工商管理学院徐娜博士与哈尔滨商业大学管理学院白世贞教授合作完成。本书整理出版过程中，得到了很多人的指导与帮助，在此表示衷心的感谢！特别感谢美国得克萨斯大学达拉斯分校的陈建清教授、俄亥俄州立大学的万翔副教授，以及中国社会科学院的徐枫博士在本书构思、论证过程中给予的耐心指导；感谢山东工商学院及哈尔滨商业大学各位同仁在本书写作过程中提供的热情帮助！

随着网购市场的快速发展，网购供应链协调与管理已引起学术界和实业界的重视，相关研究逐渐展开。本书在前人研究基础之上，对不同支付方式下的网购供应链协调策略进行了初步探索研究，由于时间及条件方面的限制，书中难免存在一些不足之处，还请大家不吝指教！在此先行感谢！

徐　娜[1]　白世贞[2]

（1 山东工商学院，2 哈尔滨商业大学）

2019 年 1 月

目　　录

第1章 绪 论

1.1 研 究 背 景

近年来，网购已经成为拉动消费的重要渠道和推动经济发展的新引擎。仅2017年11月11日（"双十一"全球购物节）一天，天猫就实现了1682亿元交易额，比2016年多了475亿元，刷新了多项交易记录（Alibaba，2017）。互联网技术尤其移动互联网技术的快速发展，使得消费者可以不受时间和空间的限制，随时随地利用智能手机、计算机等登录各种APP工具进行网上购物或其他消费。网购的兴起颠覆了传统的购物方式，改变了消费者的购物环境与购物流程，深刻影响着消费者的日常生活。网购俨然成为人们生活中必不可少的一项日常活动，网购市场的健康发展不仅有利于拉动市场需求，促进国民经济发展，而且有助于满足人们多样化的购物需求，进一步改善人们的日常生活。

网购市场是一种典型的以顾客需求为导向，以顾客满意为宗旨的顾客导向型交易市场。消费者的购物体验直接影响交易成功率，进而影响网购市场的发展。然而，国内网购市场相关运行规则、规章、制度等尚未完善，导致消费者网购体验难以得到保障。国内知名电商智库——电子商务研究中心（100EC.CN）依据基于第三方电子商务消费纠纷调解平台（原中国电子商务投诉与维权公共服务平台）受理的全国数百家各类电商2017年真实用户投诉案例大数据，发布了《2017年中国电子商务用户体验与投诉监测报告》，数据显示2017年零售电商类投诉占全部投诉的60.59%，成为消费投诉的"重灾区"，投诉占比同比增长7.91%。消费者投诉热点主要包括：发货问题23.97%、退款问题17.58%、商品质量问题12.11%、退换货难8.20%、疑似售假8.14%、虚假促销5.02%、退店保证金难退还4.15%、网络欺诈4.07%、客户服务3.57%、物流问题2.76%。从消费者购物体验角度，可以将上述投诉热点分为两大类：信任体验（质量问题、发货迟缓、不发货或虚假发货、售假及诈骗等）及便利体验（退款难、退换货难、客户服务、物流问题等）的问题。这些问题的出现严重影响了消费者的购物体验，妨碍了网络零售市场的发展。

消费者的网购体验是网购供应链节点企业共同作用的结果。网购市场的蓬勃发展需要网购供应链上下游企业的有效运作和高效合作，需要完善的网购供应链管理。与传统供应链管理不同，网购市场中消费者需求个性化、网购供应链运营模式多样化，以及商品和服务的集成化，使得供应链中供应商、零售商、电商平台及物流企业等各主体之间的关系更加紧密而复杂，极大地增加了网购供应链管理的难度，也凸显出研究网购供应链管理的意义。因此，如何通过网购供应链管理以消除消费者在信任和便利方面的困扰，改善消费者购物体验，是实业界及理论界亟须解决的问题。

支付环节，直接体现消费者对网购的信任程度，决定网购交易的成败。因此，电商企业纷纷推出多种支付服务，以不断提升网购消费者的支付体验。据《网购消费者点击背后的数据和习惯——消费者心理和网购支付》调查研究，网络购物中 40%的消费者认为多种付款方式更放心，59%的消费者会因为网店没有列出自己习惯的支付方式而放弃交易（Vouchercloud，2014）。支付服务多样化能够更好地满足消费者在便利性、习惯性及安全性等方面的需求。目前，网购过程中应用较为广泛的支付方式包括：支付宝支付、网上银行支付、银行卡支付、快捷支付、信用支付、邮局汇款及货到付款（pay-on-delivery，payment after arrival of goods）等。根据支付时间和支付途径不同，可以将这些支付方式分为两大类：线上预付（pay-to-order）和线下货到付款。线上预付要求消费者下单后即进行网上支付，而货到付款则允许消费者收货、验货满意之后再付款。线上预付依赖于互联网，是电子商务中的基本支付方式，使用人数约占总用户的 80%，而选择货到付款的用户中，超过 50%的用户认为其更安全、操作更方便（iResearch，2014）。在实践中，线上预付也是基本支付方式。线上企业往往只提供线上预付方式，或者同时提供线上预付与货到付款两种方式［下文简称"双支付模式"（dual payment scheme）］。国内主流电商平台［京东（JD.com）商城、唯品会、苏宁易购、亚马逊（Amazon）、当当网等］销售自营型商品时，均为消费者同时推出线上、线下支付服务，即使以第三方支付为主的淘宝网，也早已于 2009 年推出货到付款支付服务，以进一步提升消费者的购物体验。在国内最大社交平台（腾讯 QQ）及各电商平台的网页上，经常可以看见商品广告图片上醒目的"货到付款"字样，其已成为企业吸引潜在消费者、提高网购可信度的主要方式。

可见，电商企业越来越重视差异化支付（即线上预付与货到付款）服务对消费者购物行为的影响。越来越多的电商企业在线上预付基础之上推出线下支付，以完善消费者购物体验，进一步挖掘潜在需求，拉动消费。双支付模式丰富了网购交易过程中的支付服务种类，但是，货到付款支付服务创新给线上企业带来了新的挑战。货到付款中，消费者"零风险购物"体验会相对提高退货率，增加企业的运营成本，这也是货到付款方式没有完全普及的主要原因之一。而线上预付服务依赖互联网，不仅实现了时间经济和空间经济的转移，而且退货自担运费（非质量问题）的条款在一定程度上降低了消费者的退货率。由此可见，不同支付方式下消费者的购买意愿和购物体验不同，给网购供应链产生的经营成本不同，创造的经营绩效各异。因此，如何设置合理的支付体系以满足不同消费者的购物需求，并制定不同支付体系下线上企业的最优经营决策和协调策略，以改善消费者购物体验并提高网购供应链绩效，是一个非常值得研究的问题。基于此，本书考虑不同支付服务对消费者购物体验的影响，刻画网购消费者的效用函数，构建不同支付服务下线上企业的利润决策模型，获得线上企业的最优价格和库存决策；并进一步引入协调契约，研究基于消费者不同购物体验的网购供应链协调策略，提高供应链整体获利水平，实现网购供应链多主体共赢。

网购实体经济的蓬勃兴起推动了网购供应链管理研究的新发展，不同支付方式的嵌入使得网购供应链趋向行为供应链方向发展，从而使不同支付服务环境下网购供应链策略优化研究成为迫切需要解决的前沿问题；网购供应链集成系统的复杂性也体现出对当前网购供应链协调策略研究的必要性和紧迫性。本书拟构建差异化支付与消费者行为共同影响下的网购供应链协调决策模型，并利用博弈论等方法对其进行求解以得到面向不同消费群体的网购供应链协调策略。不同支付服务下消费者信任和便利体验不同，消费者体验影响消费者效用，进而决定消费者行为，故支付方式会通过消费者行为间接影响网购供应链绩效。通过分析差异化支付、消费者行为与网购供应链的相互作用关系，构建差异化支付服务下网购供应链集中和分散决策模型，获得基于不同购物体验的网购供应链均衡策略；继而构建网购供应链协调模型，引入相应协调机制，获得改善消费者购物体验和提升网购供应链绩效的协调策略，实现消费者和网购供应链各主体利益的共赢。

1.2 研究的目的和意义

1.2.1 研究目的

本书旨在从支付角度研究网购过程中考虑消费者行为影响的网购供应链协调策略。首先，从支付角度入手，分析影响消费者效用的关键因素——消费者信任和便利体验，构建不同支付服务下消费者效用函数，描述不同效用下的消费者行为——包括购买行为和退货行为，预测相应的市场需求，明晰支付服务通过消费者行为对网购供应链的作用机理；其次，以顾客需求为导向，刻画不同支付服务下消费者效用函数，进而确定市场需求分布，构建不同支付服务下线上企业利润决策模型，获得线上企业的最优价格决策；再次，进一步分析需求随机时线上预付和双支付模式下线上企业的决策，描述两种支付服务下消费者购买决策过程，构建线上企业的利润决策模型，求解实现其利润最大化的价格和库存决策；最后，从供应链视角出发，提出兼顾消费者不同网购体验和网购供应链经营绩效的协调机制，设计合理的供应链契约，构建网购供应链协调决策模型，运用最优化理论和方法求得网购供应链的协调策略，从而保证协调机制的有效运行，最终实现改善消费者网购体验、拉动消费、提高网购供应链市场竞争力的目标。

1.2.2　研究意义

1. 理论意义

本书旨在从差异化支付服务角度进一步探索网购供应链优化管理理论，具有非常重要的理论意义，具体体现在以下几个方面。

（1）对网购供应链管理体系的探究。对电子商务环境下服务供应链特性的探究，是供应链管理的重要发展趋势之一。传统供应链管理侧重供应链中商品供应方和需求方之间的生产与采购活动，鲜少考虑经济贸易过程中的服务活动，而涉及电商环境下商品和服务共同管理的研究更是凤毛麟角。考虑网购交易过程中不同支付服务对消费者行为的影响，构建不同网购体验下的供应链决策模型，优化网购供应链服务设计与决策机制设计，形成良性运行的网购供应链管理体系。

（2）对供应链协调理论的拓展。进一步深化传统供应链协调理论，建立电子商务环境下兼顾消费者购物体验与网购供应链绩效的供应链复杂系统协调机制。利用博弈论和最优化理论，对网购供应链进行最优协调策略设计和契约协调效果分析。一方面探索了网购供应链的运行机制，另一方面对博弈理论、最优化理论在网购供应链协调中的应用进行了拓展。

（3）对行为供应链理论进行延伸。传统的支付行为研究鲜少结合中国情境下的差异化支付服务，且主要偏向于定性分析。随着电子商务的快速发展，企业之间的竞争日益加剧，消费者行为在贸易过程中的导向作用日益凸显，有必要将消费者行为研究上升到供应链层面。利用消费者效用函数，探索差异化支付服务对消费者购买行为的影响，结合定量研究方法，展现消费者支付行为在企业经营决策中的重要作用，丰富了行为供应链理论研究的内涵。

2. 现实意义

本书的现实意义主要体现在以下几方面。

（1）满足电子商务中支付方式多样化变革的急迫要求。电子商务中支付方式多样化变革的迫切性日渐显现。目前很多企业以支付为切入点，凭借长期积累的庞大的线上数据和线下渠道体系，撬动更多新的商业模式，更好地满足消费者需求。便捷、可靠的支付方式是深入挖掘国民消费能力的重要手段。研究差异化支付对网购供应链的影响，是了解网购贸易活动的本质要求，也是当今移动电子商务时代迫切需要推广完善的大众需求。

（2）完善电子商务支付交易流程，改善消费者体验，有效拉动消费。在电子商务环境下，用户基数是根本，消费者满意度是核心。支付环节作为交易过程中的关键一环，直接关系到贸易的成败。以消费者体验为核心，充分考虑电子商务购物环境的特性，针对性地提供差异化支付服务，满足消费者的不同需求，提高消费者的忠诚度，不仅可以消除消费者网购过程中的各种顾虑，有效刺激消费，而且能够实现精准营销，提高供应链主体企业的获利能力。

（3）促进均衡、稳定、高效网购供应链的运行。通过对电子商务的业务模式及参与主体的组织结构进行深度剖析，细致研究其运行机制，同时追求差异化和低成本，设计并创新不同支付方式下的网购供应链，形成良好的网购供应链管理体系，不仅可以有效协调网购供应链各主体的经营活动与运作行为，保持网购供应链的稳定发展，而且能够降低运营成本，提升网购供应链运行效率及社会效益、生态效益、经济效益。

1.3　国内外研究现状分析

1.3.1　支付服务研究现状

1. 支付方式对企业经营决策的影响

大量文献证明支付方式对企业经营决策和绩效水平有着深刻的影响。针对支付方式与企业经营决策之间的关系，很多学者进行了深入研究。延迟支付，即允许购买者延迟支付购买货款（Goyal，1985），能够缓解企业的资金约束，改善企业的经营决策。Aggarwal 和 Jaggi（1995）提出了关于易逝品的延迟支付模型，但是仅针对供应商和零售商之间的贸易信用。张义刚和唐小我（2011）设计了延迟支付下短生命周期产品的批发价契约，Cai 等（2014）就单一信贷及双信贷两种情境分别进行了研究，发现竞争强度、风险水平是影响融资方式选择的主要因素。另外，当零售商内部资金非常有限时，两种融资方式互相补充，但随着内部资金的增加，两者则可以相互替换。杜文意等（2014）、Chen 等（2013）、Wu 等（2014）讨论了两级延迟支付，即供应商和零售商之间、零售商和消费者之间均存在贸易信用时的企业最优决策，同时考虑消费者延迟支付可能产生的违约风险。由于资金约束容易导致企业缺货，Jamal 等（1997）提出了允许缺货和延迟支付的订货决策模型。Taleizadeh 等（2013）对部分延迟交货和部分延迟支付影响下的企业订货量、缺货量进行了研究。考虑到供应商的风险厌恶特性，王文利和骆建文（2014）比较了无保险、全额保险和共同保险下供应商向零售商提供的最优交易信用数量、期望效用及保费，发现了交易信用保险对供应商提供融资的激励作用。以上关于延迟支付的研究是基于单个企业利润最大化为目标而进行的，鲜少考虑其对供应链的影响。实际上，交易信用的这种激励作用是供应链管理研究领域的重要课题（曾顺秋和骆建文，2015）。延迟支付方式也是一种协调手段，它通过信用契约对供应链进行协调。关于延迟支付在供应链协调中的应用研究，Du 等（2013）研究了价格影响需求的市场环境下，批发价格契约和信用契约组合能够实现供应链协调，提高供应链绩效。Lee 等（2010）指出此种情形下数量折扣、回购、二次收费制及利润共享四种契约均难以实现供应链协调，而信用契约与上述契约混合使用则可以使供应链达到协调状态。Kouvelis 和 Zhao（2012）通过研究发现供应商和零售商都存在资金约束问题时，也会优先选择贸易信用融资。而且，在最优信用契约下，两者的利润均有所提高。Zhong 和 Zhou（2013）发现当需求依赖经销商库存时，利用信用契约能够改善供应链绩效。考虑贸易信用，Gupta 和 Wang（2009）研究了企业在随机需求下的离散时间模型，证明贸易信用影响最优策略值，但是最优策略结构不受贸易信用的影响。此外，还有学者将分期付款方式引入服务外包合同设计中，构建了信息不对称情况下服务供应商真实合作意愿的甄别模型（王陆玲等，2013）。基于前者的研究基础，本书拟进一步研究网购环境中支付方式对企业及供应链的影响。与上述研究不同的是，本书更侧重于网购环境中的支付方式，研究其对消费者行为及网购供应链的影响。

2. 支付方式对个体行为的影响

支付服务同样会影响个体的行为，不同支付方式对个体行为的影响也不相同。Chen 等（2013）从行为视角，结合实验研究了及时支付、延迟支付和提前支付三种方式对零售商库存决策的影响，发现三种支付方式下企业的库存订购量依次减少，且延迟支付下的订购量最接近于期望水平。Tversky 和 Kahneman（1981）提出使用心理账户理论能够解释这种非理性选择行为的心理过程。Thaler（1980）同样认为支付方式引起的付款与消费时间上的差异，将会使得消费者分别将其归属于不同的心理账户之中。事实上，消费者的支付与消费过程在心理上是紧密相连的，Shafir 和 Thaler（2006）发现典型的葡萄酒鉴赏家在初次购买酒的时候，通常把买酒的过程作为一种投资，而在品尝的时候又会认为酒是免费的，因此，在整个过程中都不会存在支付的痛苦。同样的，Prelec 和 Loewenstein（1998）也发现人们之所以更加喜欢提前支付旅游费用，是因为对未来假期的美好畅想将会减轻支付的痛苦。Zhao（2012）也认为如果支付延迟的话，消费产生的愉悦会减少。Patrick 和 Park（2006）发现，只有购买享乐的-短期的商品才会引起消费者对提前支付的偏好。这是因为，提前预存能够提高消费带来的快乐（靠近焦点），而延迟支付能够阻止消极结果的出现（逃避焦点）。当消费者喜欢这项交易时，消费者对享乐的-短期的商品的预付偏好是非常稳定的；当消费者不喜欢这项交易时，这种偏好就会改变，这是因为不开心的交易引起逃避焦点的增强。当支付时间的选择不提供给消费者时，对于享乐商品的购买没有突出影响。时间折扣使得人们偏好延迟支付，尤其当购买的商品能够持续使用较长时间时。因为这样的商品，提前支付的乐趣相对于支付的痛苦太小，而较长的使用时间能够降低/衰减这种痛苦。此外，他们还发现享乐购买者不太关注支付时间的问题，特别是当没有给他们提供预付或延迟支付选项时，如果购买的是享乐商品，那么支付时间就不是一个重要因素。相反，对于实用购买者，消费者在决策时确实非常关注支付时间。尽管在实用商品购买时延迟支付非常受偏好，但是，一般来看，当交易效用很低时支付时间也就没有那么重要了。这是因为交易本身太没有吸引力，根本无法吸引消费者考虑支付时间的问题。Lee 和 Tsai（2014）发现支付和消费之间的时间延迟也会影响竞争效果。上述文献揭示出支付方式影响个体决策制定，但并未考虑网购环境。

在网购环境中，消费者购物体验会影响其购物过程中对支付方式的选择。考虑到信任度（安全隐私的设计）和便利性（小额交易的便利性）是网购消费者的主要考量对象，See 等（2014）验证了电子支付方式对在线交易的潜在影响，发现消费者对支付方式的态度是线上、线下交易顺利完成的关键因素。通过构建模型对线上、线下的各种支付方式，如线上预付、信用卡支付、借记卡支付及现金支付等进行调查，同时，实证评估了使用者对电子现金及各种传统支付手段吸引力的感知，研究发现消费者对支付技术的态度受其感受到的线上、线下环境的影响。消费者对线下购买支付技术的感知强烈地、积极地影响线上购买感知。网络信任和多元感知风险是决定消费者是否选择使用网上支付并开展正面评价的两个关键因素（杨青等，2011）。Kim 等（2010）实证研究了消费者网络支付系统的安全和信任感知，提出一个描述消费者安全感知和信任感知的理论模型，从消费者角度检验网络支付的安全性。Schierz 等（2010）通过实证分析，发现兼容性、个人动机和主观规范对消费者接受移动支付服务有一定影响。Lu 等（2011）基于复杂环境的视角研究信任传递过程与使用移动支付意图之间的动力学，开发基于信任的消费者决策模型和第三方支付服务软件。调查结果显示，信任影响复杂环境关系，且与其他因素结合能直接或间接影响行为意图。基于中国电子商务网络支付的情景，谢爱平等（2014）通过实证研究，发现消费者对支付方式的使用意愿受不可替代性感知、流行性感知、易用性感知、风险感知及有用性感知等因素影响。结合传统货到付款支付方式，张磊和彭惠（2011）创新性地提出一种基于第三方支付的货到付款支付机制。Chiejina 和 Soremekun（2014）以尼日利亚消费者为研究对象，发现货到付款有助于吸引消费者参与网购。Zhang 和 Zhang（2014）也考虑了货到付款对企业最优价格决策和库存决策的影响，主要研究了有无固定订货成本两种情形下的企业最优决策。

1.3.2　网购消费者行为研究现状

1. 消费者购物体验影响因素相关文献分析

需求基数是网购贸易成功的基础，网购供应链节点企业试图通过采取众多措施以改善消费者购物体验，激励其完成交易。尤其在电子商务环境下，消费者选择商品或服务的成本较低，导致商家之间的竞争更加激烈，因此，快速、精确且牢固地吸引网购消费者已经成为电商成功销售的关键。互联网的普及促进了网上购物的发展，人们逐渐习惯从网上搜索、购买商品，而网站设计将会影响消费者的购买行为。Richard 等（2010）通过实证研究发现最有效的网站应该是有趣的、中度挑战性的、时尚的，网站关联度和挑战性直接影响消费者对商品的预购评价。van der Heide 等（2013）以 ebay 为例，发现系统声誉和商品照片对投标数量及最终售价的影响具有鲁棒性。第三方机构的监督证明，以及买者在商品网站上的积极评价，能够显著提高系统声誉。计国君和杨光勇（2011）分析了消费者的新产品体验（包括外生体验和内生体验）结果对供应链协调的影响，针对不同的产品体验，企业应该采取不同策略。Mazaheri 等（2012）比较分析了三种服务类型（基于搜索、体验和信任）中消费者的不同网购行为。发现对于不同的服务，消费者的感情期望有所不同。Ho（2014）基于 Facebook 研究了消费者行为，探究消费者的参与能否为品牌评估带来积极的影响。结果表明，消费者在 Facebook 的社区参与对品牌信任和社区识别有直接显著的影响，品牌信任对社区识别有显著影响，且品牌信任和社区识别在 Facebook 参与和消费者行为之间起中介作用。网购给消费者带来便利性的同时也让消费者感受到了更多的购物风险。"Showroom"（体验店）应运而生，Balakrishnan 等（2014）就研究了消费者的这种浏览-切换（browse-and-switch）行为，发现直接网购、先到实体店考察然后再向线上/线下零售商购买的决策依赖于各渠道的成本、商品符合其需求和偏好的可能性，以及相应的零售价格。

要进一步推广网购，企业需要采取措施以尽量消除消费者对网购的不确定性。尽管电商企业已经针对网购支付安全设置了很多保障机制，然而，其仍然存在很多问题。Clemes 等（2014）收集了来自中国北京的 435 份自填问卷，实证分析确认了影响消费者网购的七大决定性因素，按重要性依次为：感知风险、消费者资源、服务质量、主观规范、产品种类、方便性及网络因素。该研究指出中国消费者对 B2C（business-to-customer，商对客电子商务模式）网上购物的风险意识，主要关于个人信息的保密和安全、在线交易的安全及产品风险。针对隐私和安全性风险，网上零售商需要在网站发布正式的隐私保护政策、采取先进的加密技术，这样消费者就能很容易地了解到在线零售商的安全措施。例如，B2C 零售商应该提供一个安全的支付方式来保护顾客的隐私、保证他们的金融安全。此外，也有学者研究了移动支付系统中潜在风险对消费者的影响（Chandra et al.，2010；Dan and Jing，2011），指出这种不信任将会降低消费者使用新型支付系统的欲望（Yang，2012）。

大量文献分析了消费者产品不确定性对企业决策的影响（Iyer and Kuksov，2012）。其中，向消费者披露产品信息被视为消除消费者对商品价值的不确定、降低退货率的主要方式之一。退货不仅会增加企业的运营成本，还会给消费者带来麻烦成本（hassle cost），Shulman 等（2009）认为为消费者提供产品匹配信息能够降低退货率、增加起始销售量，但并不总是盈利的。他们认为企业可以增加投资以提高正/逆向运作效率，例如，预先准备消费者退货所用信封，以此降低消费者的麻烦成本。这些投资与信息披露方面的投资并非相互补充，而是可以替换的。即使在不允许退货情况下，对消费者披露产品匹配信息也不能增加企业的利润（Bergemann and Pesendorfer，2007）。Shulman 等（2015）检验了这种信息披露对消费者决策改变的影响。利用参照点依赖理论构建模型，并结合实证分析，证明为降低购买前不确定性而进行的信息披露，实际上会增加消费者改变购买决策的可能。因此，营销商应该研究其成本结构，在制定策略降低消费者不确定性的时候，仔细考虑购买前信息披露的作用。Chiu 等（2014）研究了实用价值、享乐价值及感知风险对 B2C 电子商务中消费者再次购买意图的影响，并将感知风险分为经济损失、产品性能、隐私及产品配送四类。

同时，消费者对支付系统的便利性感知也会影响消费者行为。Klee（2008）指出，消费者支付过程会产生交易成本，包括运行支付系统的时间成本、现金持有成本、注册成本及不同支付方式下资金支付的机会成本等。消费者的年龄和性别也会影响便利感知。男性更加喜欢使用新的支付方式，且喜欢创新性的服务（Broos，2005），而女性在使用线上服务时会出现焦虑感（Schumacher 和 Morahan，2001）。因此，女性的便利成本通常比男性高（Grüschow and Brettel，2015）。另外，老年人对新技术的不确定性更强，感知风险更大，因此，他们不喜欢使用新技术，便利成本比年轻人高（Morris 和 Venkatesh，2000）。综上，应该注意便利性对消费者行为的影响。

2. 消费者退货服务相关文献分析

宽松的退货政策是降低消费者感知风险的有效方式之一，Griffisa 等（2012）描述了购买历史、退款速度、退货商品的购买价格对订单增长率、订单价值等的影响，发现退货管理过程不仅牵涉事后商品的调度问题，还会深刻积极地影响消费者的再购买行为（李东进等，2013）。Akcay 等（2013）研究了当零售商提供一个退款保证（money-back guarantee，MBG）政策时，即消费者可以将其不满意的产品退回并获得部分或全部退款，零售商或者赚取残值，或者以二手商品进行折扣销售时的企业最优决策。该文献构建了一个关于订货量、新产品零售价、退款数量及二手商品价格的模型，抓住 MBG 的重要特点如需求不确定、消费者价值不确定、退货、二手销售、消费者在新品和二手品之间的选择及换货的可能性进行分析，结果发现，这种政策有利于销售量和利润的提高；而且，对退回产品进行再加工出售对零售商是有益的。一方面，如果不考虑再加工，MBG 会提高新品价格，如果零售商决定将退货以二手品出售时，新品的价格也会进一步上涨；另一方面，消费者喜欢慷慨的退货政策，二次销售也会降低开始的订货量。Ramanathan（2011）发现电子商务中产品风险影响退货处理情况与消费者忠诚度之间的关系。满意的退货处理能够提高购买低风险和高风险产品的消费者忠诚度，但是并不适用中端风险商品。进一步考虑竞争环境，Shulman 等（2011）研究了两个竞争性企业销售水平差异商品下的价格和退货费决策。比较竞争环境和垄断环境下的结果，发现竞争环境下的均衡退货费比垄断时更高。如果商品质量好的话，也就是说，如果退货原因与质量无关时，理性消费者会选择更换商品，不一定直接退货。如果是质量原因，则直接退货，但该退货会影响商品评论。Raoa 等（2014）认为，尽管人们知道退货政策和产品属性是退货发生的两大主要因素，但是，很少有人知道在线零售交易的哪个方面使其退货率高。文章利用大量的数据来验证物流服务（phisical distribution service，PDS）中的过程属性如何影响退货现象，结果发现，如果库存紧张的消息提前透露给消费者的话，事后退货率会升高；零售商承诺的配送时间与实际配送时间的一致性会影响退货率，而且这种效果在订单被承诺敏捷配送时更强烈。汪峻萍等（2013）针对无缺陷退货现象，考虑了网上销售供应链的最优订购协调决策。

在消费者为导向的新兴市场中，不可忽视消费者的麻烦成本，它可能直接影响消费者的进一步决策。麻烦成本由消费者行为产生，且不能被卖者接收，是一种沉没成本（Davis，2008）。Hviid 和 Shaffer（1999）将麻烦成本定义为消费者为寻找竞争企业更低价格证据时所耗费的成本，并认为该成本是客观存在的，且会降低最低价格保证策略在促进垄断定价方面的作用。Hsiao 和 Chen（2014）将麻烦成本反映为网购消费者提出退货索赔的便利程度，研究了无麻烦成本和全额退款两种退货策略，并发现最优的麻烦成本关于产品质量是非单调的，这与认为退货便利性是卖者产品质量重要信号的传统观点不同（Moorthy and Srinivasan，1995）。Hsiao 和 Chen（2012）还研究了电子商务中退货策略、价格决策及质量风险的相互作用。利用经典的两阶段市场设置，证明了只有当高端消费者的麻烦成本比较高，以及质量风险和低端市场的价值比较温和时，才会提供退货。而且，可以通过设置退货政策来消除不恰当的退货。进一步地，高质量风险的卖者可能需要支付一个超过卖价的退款，这为电商卖者的满意政策提供了理论依据和特定的操作制度。相反，当质量风险相对很低时，进一步提高产品质量来降低质量风险的方法不一定对卖者有利；最后发现退货费用对产品质量是非单调的，因此，更加慷慨的退货政策不一定表明低质量风险。综上可见，企业在制定经营决策时应该充分考虑消费者可能产生的情感和行动反应，做到有的放矢，提高决策的有效性。

1.3.3　网购供应链协调研究现状

供应链管理在互联网环境中的意义也是非常重大的（Swaminathan and Tayur, 2003）。互联网环境下的供应链协调包括双渠道供应链协调及网购供应链协调。其中，双渠道供应链协调主要侧重协调传统零售渠道和网上直销渠道，而网购供应链协调则主要侧重涉及网购过程的各参与主体之间的协调。目前的研究多偏向双渠道协调研究。

1. 双渠道供应链协调

在双渠道供应链协调方面，Ofek 等（2011）研究了竞争零售商——实体店与线上零售店（bricks & clicks）开通双渠道对其价格及实体店服务水平的影响。结果发现，如果竞争零售商的差异不大，开通网上渠道实际上会增加对实体店服务水平的投资，而且会降低利润。如果开通网上渠道的决策是内生的，那么会存在一个非对称平衡，即只有一个零售商可以开通网上渠道，不过其利润比开实体店低；文章也描述了当消费者只在网上学习研究但在实体店购买时的均衡策略。在双渠道供应链环境下，垂直差异与水平差异并存，制造商既是零售商的供应商，又是其市场竞争者，因此，一般的供应链契约，诸如单一批发价契约、回购契约、利益共享契约等已经很难达到协调效果（Boyaei，2005）。于是，众多学者开始新的探索，不仅要消除"双重边际化"问题，也要消除渠道间的冲突，实现双渠道供应链协调。Tsay和 Agrawal（2004）研究发现通过调整电子渠道的价格，可以同时提高双渠道供应链成员的利益。考虑到品牌竞争，Kurata 等（2007）设计了能够实现双渠道协调的涨价与降价机制。上述文献偏重于双渠道供应链的协调策略研究，而鲜少考虑同时消除"双重边际化"问题。为此，晏妮娜等（2007）提出两种协调方式，即供应链上下游节点企业之间的协调，以及双渠道之间的协调。但是他们并没有具体提出双渠道供应链的协调机制。但斌等（2012）构建了电子商务环境下单制造商、单零售商组成的双渠道供应链模型，从电子渠道与传统渠道合作的角度出发，提出一种能够使得双渠道供应链协调的补偿策略，并论证了这种补偿策略能够实现双渠道供应链协调，且在一定范围内可以保证双渠道供应链成员的双赢。

渠道结构深刻影响协调效果。Cai（2010）分别研究了协调状态和非协调状态下渠道结构对供应商、零售商及整条供应链的影响。提出渠道增加帕累托区域和契约实施帕累托区域，来展示不同结构下各主体的获利条件。Chiang 等（2003）研究了消费者把直销渠道作为传统门店销售方式替代品的偏好程度对于供应链设计的影响，发现直销作为一种战略渠道控制手段，使制造商通过减少价格的双重边际效用以提高盈利能力，而且，批发价格的降低也能提高零售商的利润。Cattani等（2006）也得到了相同的结果。Chen 等（2012）对制造商为主导者、零售商为跟随者的双渠道供应链进行斯坦伯格博弈分析，发现利用产品批发价格和零售价格契约能够协调直销渠道下的双渠道供应链，但是并不能提高制造商利润，而双重收费制和利润共享协议，则可以协调双渠道供应链实现双赢。考虑供应链参与主体的风险规避特性，利用均值-方差模型，Xu 等（2014）验证了双渠道供应链协调契约的有效性，分析了风险容忍度对制造商、零售商价格决策的影响。

此外，大量实证研究表明，服务质量和交易成本是影响消费者接受直销渠道的关键因素。提前期是服务的重要评价标准，直接影响消费者对直销渠道的接受程度，Hua 等（2010）使用两阶段最优化技术和斯坦伯格博弈，分别研究了集中和分散情况下双渠道供应链的最优价格和提前期决策问题，分析了提前期和消费者对于直销渠道的接受程度对制造商和零售商定价行为的影响。研究表明两种渠道下需求转化率的差异与提前期和直销价格相关，且消费者对直销渠道的接受程度及产品类型对提前期和价格决策有重大影响。Chen 等（2008）研究了双渠道之间存在竞争服务时的渠道管理问题。直销渠道的服务质量以提前期为测量标准，零售渠道的服务则以商品可得性为标准。需求依赖两个渠道的服务水平及消费者对商品和购物经历的评价。考虑直销渠道管理成本、零售不方便性及产品的特性，他们确定了最优的渠道策略，以及开设双渠道的最佳时机。Yan 和 Pei（2009）在此基础上考虑了零售商的服务水平，他们认为开拓电子渠道有利于提高零售商的服务水平，并且，当服务水平满足一定条件时，可以达到协调双渠道供应链的效果。

协调是服务供应链管理的核心（Wang et al.，2015）。考虑服务和价格竞争，Bernstein 和 Federgruen（2007）发现服务水平内生和外生两种情况下应该设计不同契约以实现供应链协调。考虑信息更新，Sethi 等（2007）确定了最优订货数量及取消订单对服务供应链的影响，并利用回购契约实现了供应链协调。Katok 等（2008）通过实证发现可以利用库存服务水平承诺策略作为服务供应链协调机制，以消除双边际效应。Chen 和 Shen（2012）验证了最优顾客服务水平对产品服务供应链（product service supply chain，PSSC）系统成员利润的影响。Sieke 等（2012）提出多种基于服务水平的供应链协调契约，确定了最优服务水平并展示了不同服务水平对供应链绩效的影响。Xiao 和 Xu（2013）研究了供应商管理库存（vendor managed inventory，VMI）系统下的最优顾客服务水平，发现收入共享契约能够实现供应链协调。Heydari（2014）考虑顾客服务水平，分析了供应链协调机制，发现随机提前期会影响顾客服务水平。Liu 等（2013）、Liu 和 Xie（2013）考虑服务质量的影响，研究了物流服务供应链的协调策略。

还有其他一些专家从不同视角对电子商务环境下的供应链协调进行了研究。

例如，Osmonbekov 等（2009）认为制造商和分销商之间的交互度越来越深刻，通过试验表明电子商务在供应和需求方面都能够提高上下游的协调性，但在需求方面也会产生潜在"黑暗面"，即增加冲突。Lu 等（2011）提出了一个电子商务供应链协调性能模型用来描述企业的性能，他们认为，可以通过组织内部交互信息系统来提高供应链节点企业的合作关系。Pentina 和 Hasty（2009）研究了多渠道协调和电子商务外包对在线零售商的影响，指出渠道内的高度协调有助于增加在线零售商的销售量，而且，电子商务外包并不有助于提高零售商的表现。Jennifer 等（2012）研究了一个在自己网站上在线销售商品的零售商，是否需要选择同时在如亚马逊这种大型在线商场进行销售。通过建立模型并求解得到了零售商及大型商场的最优决策。Li 等（2010）研究了企业策略和文化因素对电子商务同化作用的影响，并发现在中国企业中消费者导向和竞争导向是影响电子商务同化的重要因素。

2. 网购供应链协调

区别于传统供应链中以商品流通作为主要经营活动的特点，电子商务环境下的供应链管理对商品和服务都提出更高的要求。朱道立等（2011）将网购供应链定义为网购交易背景下，由制造商、网络运营商、物流服务商及消费者四者构成的具有统一商品销售和配送服务的供应链系统。网购过程中，电子商务平台实现了信息流和资金流，快递服务实现了物流。与线下零售门店相比，网购可以利用一体化的信息、资金和物流以提供定制化服务，满足消费者个性化购物需求。在网购供应链概念的基础上，线上企业的发展需要多个企业的支持与协同，与各服务提供商组成销售服务体系，包括第三方支付平台、物流企业、保险公司等。姚建明（2015）提出对网购供应链资源的有效整合，可以为消费者提供满意的个性化服务，包括提供不同的支付方式、送货服务及售后服务等。文章还分析了网购环境中不同个性化服务模式下供应链资源整合的主导因素，搭建了资源整合优化模型，并提出改进的蚁群算法对其进行求解。网购交易过程中存在很多服务种类，其中，物流服务是网购发展中不容忽视的环节之一。现有快递服务模式主要包括用户自提和送货上门两种，胡一竑等（2012）以这两种快递服务竞争模式为背景，考虑网购消费者的成本决策受商品零售价格、快递服务价格及快递配送时间影响，分析了各主体的均衡策略和实现条件，得到了网购供应链系统整体达到均衡的条件。王法涛等（2013）构建了由物流服务提供商、商品制造商及线上零售商组成的网购供应链，提出了达到网购供应链协调的机制。

网购市场以顾客需求为导向，消费者购物体验至关重要。为改善消费者购物体验，需要电商企业加大这方面的资本投入，提高服务水平。已有文献对服务水平影响市场需求情况下的供应链协调进行了研究（Kaya，2011）。在实体店中，服务水平对市场需求的影响表现在很多方面，包括开展各种促销活动，制作终端广告，提供具有吸引力的货架，以及一些舒适的导购活动等，以进一步扩大消费市场，提高销售量（马利军等，2013）。考虑服务水平对市场需求的影响，Wei 和Chen（2011）、石岿然等（2014）分析了企业的最优库存决策和服务水平决策，以及不同情况下的最优契约设计。可见，服务水平决策已经引起学术界的关注。尤其在电商行业中，差异化服务成为平台之间竞争的重中之重，更应该受到重视。本书将深入分析消费者不同网购体验水平对网购供应链策略的影响，揭示网购交易过程中服务质量的重要性，并设计相应协调机制以提高网购服务水平，改善消费者购物体验，提升网购供应链绩效水平和市场竞争力，进一步丰富既有研究成果。

在此基础之上，本书拟研究兼顾消费者购物体验与网购供应链绩效的网购供应链协调策略。即从支付方式的角度深入挖掘鉴于网购消费者购物体验及网购供应链运营绩效的协调空间，并利用契约进行网购供应链协调管理，从而保障协调机制的有效运行，改善消费者购物体验，提高网购供应链主体绩效水平，优化设计网购供应链的支付服务和决策机制。

1.3.4　国内外研究现状评述

支付对企业及消费者个体决策的影响已经引起了国内外学者的广泛关注，并且取得了一定的研究成果，但是其在网购交易过程中的具体作用机理研究尚处起始阶段，值得深入挖掘。差异化支付服务下网购消费者购物体验不同，加之网购消费者特性各一，导致支付服务对网购供应链节点企业的影响机制各不相同。因此，在利用差异化支付服务完善消费者网购体验、拉动消费、提高企业利润和市场竞争力的过程中，还存在很多问题需要进一步研究。

（1）支付服务方面。已有文献表明支付方式对企业决策及消费者购物意图有着重要影响，提醒企业管理者应该重视支付服务方式。但是，已有研究并未结合国内电子商务环境下支付服务的发展现状，也并未分析不同支付方式对线上消费者及线上企业决策的进一步影响，而这将是本书的主要研究内容之一。

（2）消费者网购行为方面。已有研究分别从各角度对网购消费者行为进行了研究，但是没有综合性的深入研究；已有研究多定性分析，缺乏定量研究。在上述研究的基础之上，本书从信任和便利角度研究不同支付方式下的消费者网购体验，描述消费者行为，并将其影响以定量形式反映到市场需求函数中，进而刻画其对网购供应链的影响。

（3）网购供应链协调方面。既有文献针对互联网环境下双渠道供应链进行了协调研究。区别于传统供应链中以商品流通作为主要经营活动的特点，互联网环境下的供应链管理对商品和服务都提出更高的要求。在此基础之上，本书从差异化支付服务的角度入手，研究考虑消费者购物体验的网购供应链协调策略。即分析差异化支付服务下消费者的行为，将其反映到网购供应链中，构建差异化支付服务下基于消费者购物体验的网购供应链协调机制，获得网购供应链协调策略。

1.4 研究内容与方法

1.4.1 研究内容

网购行业的快速发展便利了人们的日常生活，带动了国家产业转型升级，为国家创造了巨大的财富。然而，网购交易过程中还存在很多问题，严重影响了消费者在网购交易过程中的购物体验，阻碍了网购行业的进一步发展。网购市场以顾客需求为导向，电商企业应该制定保障措施以改善消费者购物体验，促进网购行业的稳定发展。基于此，本书从支付角度入手，考虑差异化支付服务对网购消费者行为的影响，以及两者对网购供应链的共同作用，深入研究兼顾消费者购物体验与网购供应链绩效的协调策略。具体研究内容如图 1-1 所示。

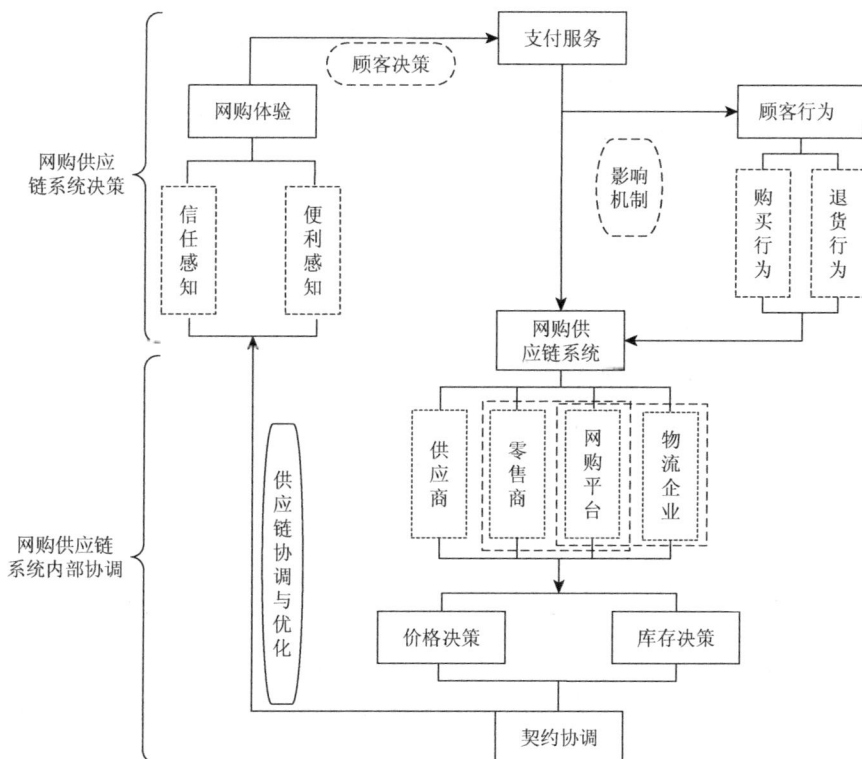

图 1-1 研究内容逻辑图

（1）基于支付视角，分析不同支付服务对网购供应链系统的作用机理。从支付角度入手，确定影响消费者效用的关键因素——信任体验和便利体验，描述不同支付服务下消费者购买行为和退货行为，构建消费者效用函数，刻画不同支付服务下的市场需求函数，以此体现不同支付服务通过消费者行为对网购供应链系统产生的影响；不同支付服务下网购供应链节点企业运营成本不同，制定决策各异，创造的经营绩效也各不相同，以此表示支付服务对网购供应链产生的直接影响。

（2）研究不同支付服务下线上企业的价格和库存决策。将网购供应链系统作为一个整体，即视为线上企业，首先以顾客需求为导向，描述不同支付服务下消费者行为，刻画不同支付方式下消费者效用函数，得到不同支付服务下的市场需求函数；基于此，分别就线上预付和双支付模式两种情况，构建线上企业的利润决策模型，并对模型进行求解以获得线上企业的最优价格决策，并对支付服务进行优化设计；考虑市场需求随机情况，构建线上预付和双支付模式下线上企业的利润决策模型，获得实现其利润最大化的价格和库存决策，并利用 Matlab 7.0 仿真模拟配送周期等关键参数对线上企业绩效的影响。

（3）研究基于消费者信任体验的网购供应链协调及策略，以有效改善网购消费者的信任体验，提高网购供应链绩效水平。考虑网购消费者信任体验的影响，分析信任体验与市场需求的影响关系；基于此，针对由单一供应商和单一零售商组成的网购供应链，引入基于目标销售量的信用契约与回购契约组合，构建考虑消费者信任体验影响的网购供应链集中决策模型，求解网购供应链系统最优决策；继而构建线上零售商的分散决策函数，获得分散决策下的最优策略；基于协调状态下网购供应链集中决策与分散决策的关系求得契约参数，利用契约组合实现网购供应链协调；最后通过数值算例分析验证基于消费者信任体验的网购供应链中供应商和零售商协调策略的有效性。

（4）研究基于消费者便利体验的网购供应链协调及策略，以有效改善消费者网购便利体验，并实现网购供应链系统最优化：①考虑网购消费者购物过程中便利体验的影响，探索改善消费者便利体验的途径；②基于消费者网购便利体验引入合适的供应链协调契约，以激励线上零售商增加便利服务建设投资，提高网购便利服务水平；③针对由单一供应商和单一零售商组成的网购供应链，基于网购消费者便利体验提出一种基于目标销售量的信用契约，构建网购供应链集中决策函数，求解网购供应链系统最优决策；④构建线上零售商的分散决策函数，获得分散决策下的最优策略；⑤基于协调状态下网购供应链集中决策与分散决策的关系求得契约参数，利用契约组合实现网购供应链协调；⑥通过数值算例分析验证了基于消费者便利体验的网购供应链中供应商和零售商协调策略的有效性。

1.4.2　研究方法

（1）系统分析法、典型案例分析法。从链内企业的角度出发，采用系统分析和典型案例分析相结合的方法，全面、科学地分析链内企业的经营模式与合作方式，刻画网购供应链的系统特征，描绘网购供应链的功能，明晰网购供应链的运行机制。

（2）博弈论。本书主要使用斯坦伯格博弈理论，构建网购供应链的均衡模型，并使用逆向归纳法求其均衡策略。采用博弈分析确定不同支付方式下消费者最优决策、网购供应链主体均衡解的实现条件，得到网购供应链的均衡策略。

（3）契约理论。运用契约理论分别设计基于消费者信任体验和便利体验的网购供应链协调契约，建立考虑网购消费者购物体验的网购供应链协调模型，并对其进行求解，获得网购供应链协调策略。

1.4.3　技术路线

本书拟采取图 1-2 所示的技术路线进行研究。首先，通过梳理相关文献，并结合网购行业发展现状，发现网购行业以消费者需求为导向，消费者体验直接影响消费者效用，进而影响消费者行为，最终影响网购供应链市场。然而，相关文献及数据都指出消费者网购过程中的信任体验和便利体验较差，严重影响消费者的网购热情，阻碍网购行业的发展，为此，电商企业提出差异化支付服务，即利用线上、线下支付服务来满足消费者在信任和便利方面的不同需求。因此，本书研究问题为：基于支付角度，网购供应链如何改善消费者购物体验并最大化网购供应链利润，实现网购供应链协调。其次，分析问题，即分析差异化支付服务如何影响网购供应链。不同支付服务下消费者购物体验不同，不同购物体验引起不同的消费者行为，进而影响网购供应链的市场需求和退货率，即差异化支付服务通过消费者行为影响网购供应链。另外，差异化支付服务下供应链运营成本也不相同。基于此，本书首先研究顾客需求为导向情形下，线上预付和双支付模式下线上企业的最优经营决策制定及支付服务优化设计。基于不同支付服务对消费者购物体验的影响，刻画消费者行为，构建消费者效用函数，预测市场需求函数，进而构建线上企业的利润决策模型，对其求解得到线上企业的最优价格及价格和库存联合决策。再次，综合比较分析不同支付方式和决策机制下网购供应链利润水平，探索网购供应链协调空间，分别基于消费者信任和便利体验设计合理的供应链契约，进行网购供应链协调，即通过契约实现消费者购物体验的改善及网购供应链的协调。最后，结合 Matlab 仿真模拟结果，为网购供应链管理者提供网购供应链协调管理相关建议。

| 提出问题 | 文献研究 | 实践探索 |

提出问题

- 文献研究
- 实践探索
- 不同支付方式影响消费者行为与网购供应链运营绩效
- 基于支付角度，如何改善消费者网购体验并实现网购供应链协调

分析问题

- 线上预付 → 差异化支付服务 ← 线下支付
- 消费者网购体验
- 商品价值不确定 / 商品信息不准确 / 支付安全担忧 → 信任体验
- 便利体验 ← 操作步骤烦琐 / 退款难 / 退换货难
- 消费者购买行为 → 网购供应链销售量
- 消费者退货行为 → 网购供应链退货量

解决问题

差异化支付行为影响下的网购供应链协调策略研究

- 网购消费者
  - 刻画差异化支付服务下网购消费者效用函数
  - 描述差异化支付服务下消费者行为
  - 预测信任、便利体验主导下的网购供应链市场需求
- 网购供应链
  - 线上企业的价格决策
    - 构建不同支付服务下线上企业的利润决策模型
    - 获得不同支付服务下线上企业的最优价格决策
  - 线上企业的价格和库存决策
    - 构建不同支付服务下线上企业的利润决策模型
    - 获得不同支付服务下线上企业的最优价格和库存决策
  - 比较差异化支付服务下集中、分散决策型网购供应链利润
  - 获得网购供应链不同决策机制与支付服务的适用条件
  - 设置基于信任、便利体验的网购供应链协调契约
  - 构建基于信任、便利体验的网购供应链协调模型
  - 获得基于信任、便利体验的网购供应链协调策略

仿真

- 利用Matlab仿真模拟决策优化过程，展示关键参数影响趋势

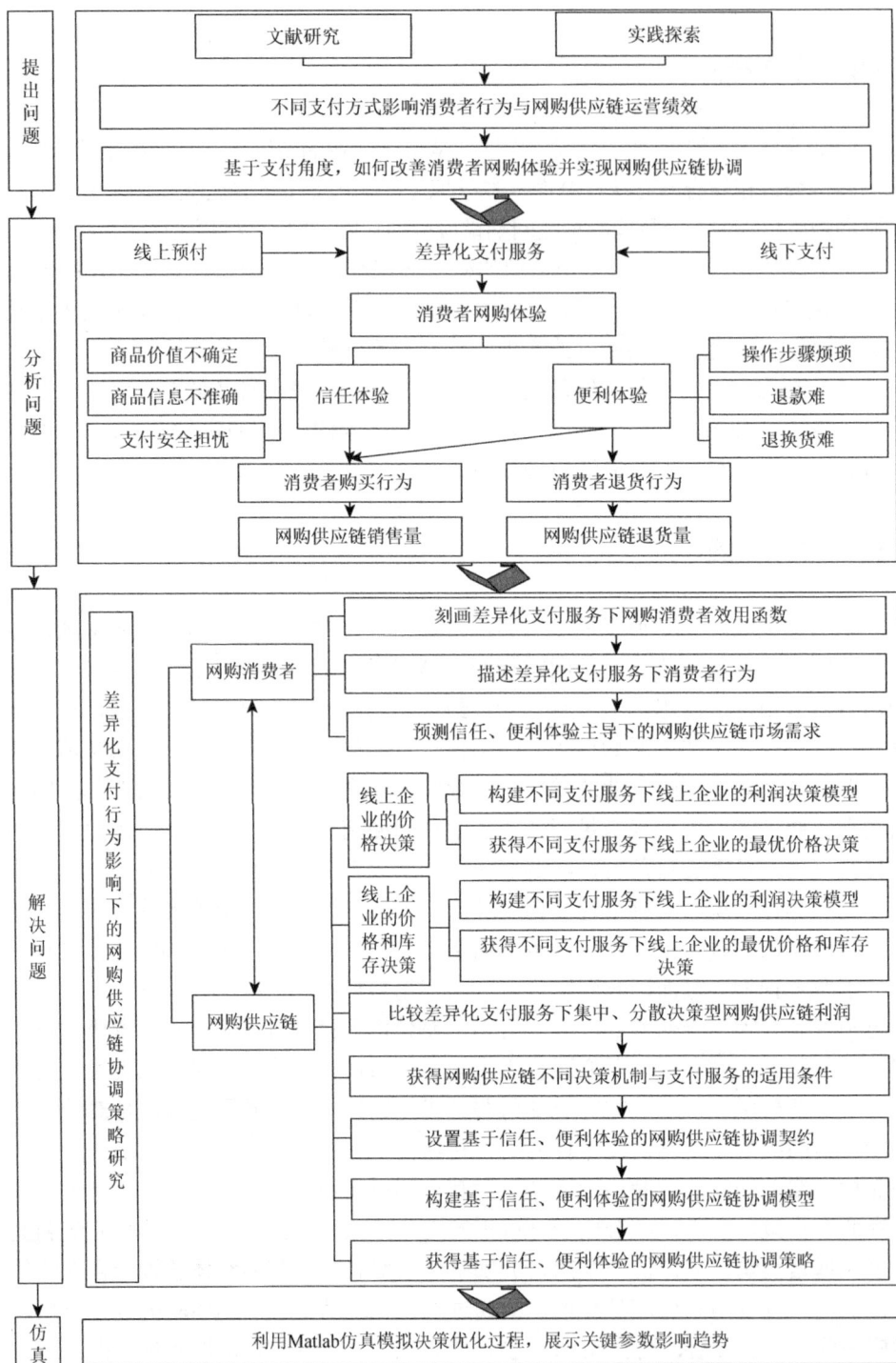

图 1-2　技术路线图

第2章 不同支付服务环境下网购供应链系统分析

网购业务的迅猛增长，网购规模的快速扩大，以及消费者需求的个性化发展，给网购供应链管理者提出新的挑战。如何更好地服务消费者，保持网购行业的稳健发展，成为网购管理者需要解决的关键问题。差异化支付服务作为网购运营中的一项服务创新，其在网购供应链系统中的作用及作用机理值得深入研究。

2.1 差异化支付环境

为充分满足消费者的服务需求，电商企业提供了多种支付服务，创造了差异化的支付环境。不同支付环境下消费者的支付流程不同。实践中，网购交易过程中的支付方式主要包括以下几种：网上银行支付、快捷支付、借记卡支付、信用卡支付、第三方支付（包括支付宝支付、百度钱包支付、微信支付、京东钱包支付、蚂蚁花呗等）、邮局汇款、银行转账支付及货到付款支付。根据支付时间和支付途径不同，可以将其分为两大类。

（1）线上预付。线上预付，是指消费者登录网上商店、搜索商品、确定目标商品、完成下单后，直接在网上使用网上银行、快捷支付、第三方支付等工具完成付款的一类支付方式。目前，现有支付方式中，除货到付款支付方式外，其他都可以视为线上预付。其中，阿里巴巴推出的花呗付款服务及京东推出的分期付款服务，与信用卡支付服务性质相似，意在分散消费者的购物压力，最终目的也是拉动消费。由于此类支付服务应用范围有限，应用规模较小，因此，本书对此不作研究。

当使用网银支付方式进行网购结算时，消费者需要事先到银行等金融机构开通相应的网络银行支付功能，获取网银账号及密码等，或者使用 U 盾及动态口令卡等完成支付。消费者使用快捷支付时，不需要开通网银，但是需要提前在银行等金融机构登记相应手机号码，这样就可以通过手机短信验证码确认完成支付。支付宝支付需要消费者首先开通支付宝账户，获得支付宝登录账号和密码，并与自己的银行卡相关联，随后就可以在付款时登录账号和密码，完成支付。

根据天猫集团官方网页对各种支付方式的介绍（https://payservice.alipay.com/intro/index.htm?c=kjzf），线上预付方式中主要付款方式（网上银行、快捷支付、支付宝支付）的付款流程如图 2-1 所示。

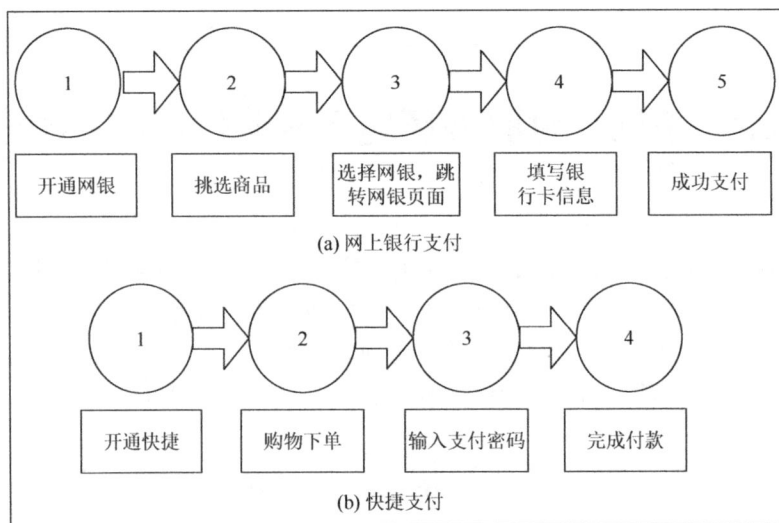

图 2-1　线上预付方式付款流程

资料来源：https://payservice.alipay.com/intro/index.htm?c=wsyh；
https://payservice.alipay.com/intro/index.htm?c=kjzf

线上预付具有快捷、方便的特性，成为应用最为广泛的支付方式，约占支付总量的 80%。然而，由于我国社会信用制度不健全、相关法律法规不完善等因素的影响，网络支付安全问题仍然堪忧，消费者个人信息安全问题已成重患。支付宝等第三方支付服务的诞生，一定程度上缓解了消费者对支付安全方面的担忧。然而，与健全发展且安全防护经验丰富的传统银行体系相比，这些互联网新兴金融机构实力仍显不足，难以消除消费者对网上购物过程支付安全方面的担忧。

此外，线上预付方式要求消费者先付款后收货的特性，极大地增加了消费者对网购安全的担忧。尤其我国正处网购行业发展初期，诚信、便利问题突出，致使线上预付服务难以满足所有消费者的需求。为改善消费者网购体验，促进网购行业的健康、稳定发展，需要电商企业采取措施消除消费者在上述方面的担忧。为此，很多商家推出了货到付款服务。

（2）线下支付。线下支付，又称为货到付款，是指在网购中消费者在网上完成订单后并不立刻付款，而是等货物经由快递公司送到自己手上，验货满意后再进行付款的一种支付方式。消费者若对产品满意，则将货款先付给快递公司工作人员，相当于"一手交钱一手交货"，之后货款再由快递公司转交给卖家。如若开箱验货后发现商品不符合消费者期望或者运送过程中包装有损伤等，消费者可以拒签商品，不需要付款，标明拒签理由即可。线下支付方式的付款流程如图 2-2 所示。

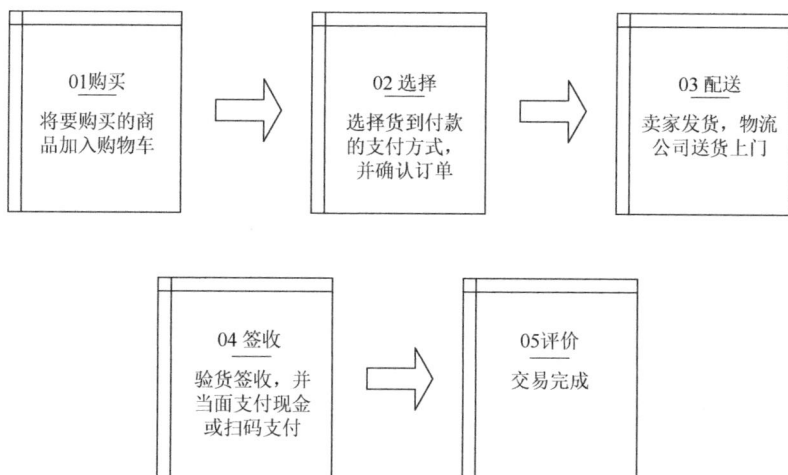

图 2-2　线下支付方式付款流程

资料来源: https://www.taobao.com/go/market/cainiao/codbuyerservice.php?spm=a2228.1980621.0.0.635e3df5ahRyOS
"04 签收"内容为笔者修改

　　线下支付方式将网络交易大部分风险转向商家，由此吸引了大量消费者，成为应用第二广泛的支付方式。选择线下支付服务的消费者，50%以上认为其更加安全。尤其在网购环境较差的国家和地区，线下支付方式备受欢迎。在白俄罗斯和斯洛文尼亚，2014 年有超过半数的消费者网购结算时使用线下支付方式。在匈牙利，超过 2/3 的网络订单是通过线下支付方式完成支付的。在中东地区，线下支付一直是网购过程中应用最广泛的支付方式。在印度和越南，约有一半的网购消费者偏爱线下支付。在我国，为了鼓励三线以下及城镇、农村网民参与网购活动，各大电商企业也纷纷推出线下支付服务，以此作为一种营销手段吸引潜在消费者。此外，对于新兴电商平台，线下支付服务也成为它们提升可信度和安全感的主要方式。例如，拍拍网借助于腾讯的雄厚用户基础，在腾讯聊天平台 QQ 窗口广告区以醒目的字眼"货到付款"吸引潜在消费者，拉动消费。

　　总体看来，不同网购支付方式在方便快捷与支付安全方面的强度不同，给消费者带来的信任和便利体验也不同，故而，不同支付服务对消费者行为及网购供应链的影响也各不相同。通过描述差异化支付服务下网购供应链体系，能够更清晰地阐述线上、线下两种不同支付方式对网购供应链的作用机理。

2.2　网购供应链体系

2.2.1　网购供应链定义

　　与传统供应链中以商品流通为主要经营活动的特点不同，互联网环境下的供应链集商品流通与配套服务于一体。综合既有相关文献，我们对网购供应链进行如下定义：

网购供应链，即网络环境下的零售供应链，是由商品生产厂商（供应商或制造商）、网络运营商（提供购物网站作为交易平台）、线上零售商、物流配送服务商、金融机构（支持各种支付交易活动）、保险机构（保障网购交易的安全）及终端消费者构成的。

网购供应链包括商品加工生产、供应商向零售商供应商品、消费者网上订货、快递企业配送、消费者签收货物、商品和服务的支付、消费者评价与反馈，以及售后服务等一系列活动。

网购供应链中各成员通常都是独立的个体，其决策行为往往以自身利益最大化为出发点，但是供应链成员之间的行为互相影响，这就需要网购供应链成员之间形成一种约束机制以保障网购供应链的稳定发展。因此，网购供应链协调管理具有非常重要的现实意义。

网购供应链中的主要参与主体及其经营活动包括以下几点。

（1）商品制造商/供应商。供应商是网购供应链的起点，是网购过程中商品和服务的供应者。在网购交易活动中，供应商需要生产、加工消费者满意的商品，提供真实的、完整的商品信息，并对商品质量承担最终解释责任。供应商需要根据同类商品信息及商品实际生产加工成本来制定合理批发价格，其获利空间主要依赖于单位商品利润及终端市场规模。供应商作为网购供应链的最上游，其商品质量和服务影响网购供应链活动的全过程，在网购供应链中具有非常重要的作用。例如，如果供应商提供的商品质量信息不完善，则容易给消费者传递错误信息，导致错误购买行为的发生，最终发生退货现象，损害网购供应链成员的利益。

（2）网络运营商。网购交易活动是通过网上交易平台进行的，该平台是由网络运营商提供、维护的。网络交易平台是基于互联网技术建立的，它通过对商品信息及配套服务信息进行集成和综合披露，担任网购供应链成员企业之间的中间商。网络运营商作为供应商的下游，帮助其宣传、推广商品，并从中收取一定数量的佣金和广告费等；作为上游，帮助终端消费者及时了解产品信息，便利消费者的网购交易过程；同时，还与金融机构合作为网购交易提供支付服务，与保险公司合作为网购提供安保，与物流公司合作实现网购供应链的物流。网络运营商需要拥有目标消费群体资源，并能有效控制服务终端，其盈利价值主要依赖市场规模及自身佣金收益。

（3）线上零售商。线上零售商是从供应商采购货物，通过网络交易平台向消费者发布产品信息，并最终完成销售的企业。由于网上交易解决了空间距离难题，即零售商可以将商品销往全国各地，现在已经开通了国际销售通道，即销售实现了国际化。实际中，线上零售商很多都是小型企业及个人创业者，他们的盈利方式主要依靠商品的利润，盈利空间依赖平台流量规模。由于个体零售商在商品质量和配套服务方面缺乏控制力和监督力，不能有效保障消费者的网购体验，因此，供应商同时做零售商，以及网络平台直接做零售商的新型经营模式逐渐受到追捧，前者如美的电器，后者如京东商城。

　　（4）物流配送服务商。物流配送服务是网购供应链活动过程中的重要组成元素。与传统交易中商家与消费者面对面交易不同，在网购虚拟交易模式下，商品需要经由物流配送服务商实现从供应商到终端消费者的传送。物流配送服务商的服务质量直接影响网购交易的成败。例如，京东商城推出的次日达就是为了满足消费者的时效需求，平台设置物流配送服务评价体系是为了充分监督、保障快递服务质量，为消费者提供更优质的配送服务。物流配送服务商利润依赖自身单位营业利润及市场占有率。

　　（5）金融机构。金融机构是网购交易活动的辅助者，是网购供应链资金流的传导者。金融机构利用金融服务相关技术手段，为网购消费者提供资金相关服务，如支付。金融机构通常与网络平台合作，改善消费者的支付体验，保障消费者的支付安全，拉动消费。金融机构通过收取佣金获得利益，其盈利空间主要受市场覆盖率影响。

　　（6）保险机构。保险机构通过保障消费者的网购权益参与到网购活动中。保险机构提供的保险服务主要包括两类：一是针对资金方面的保险服务，即围绕消费者网购支付行为展开的；二是面向商品层面，即退货险，是为消除消费者退货担忧而产生的一种保险服务。保险机构的盈利空间主要依赖市场规模。

　　（7）消费者。作为网购供应链的终端，消费者是商品和服务的需求方，其购买决策直接影响网购供应链中其他成员的利益。消费者从网络平台上面搜索目标产品的相关信息、作出购买决策、完成支付过程、接收货物或退货等。消费者购买决策以实现自我效用最大化为基准。消费者会影响网购供应链成员利润，网购供应链上游企业的商品和服务质量也会直接影响消费者的购买决策。

　　通过对网购供应链主要成员的分析，能够发现各主体之间互相影响，互相依靠，互相制约。因此，对网购供应链进行管理，整合网购供应链资源，优化网购供应链运营过程，有利于完善消费者购物体验，进而提高供应链绩效。而网购供应链主体复杂化，加剧了网购供应链管理的难度，同时也凸显出对网购供应链管理研究的意义。

2.2.2　网购供应链结构

　　通过上述关于网购供应链主体及主体间关系的分析，结合网购供应链的运营模式,将网购供应链根据不同的结构分为三类,分别是平台型网购供应链、买卖型网购供应链及代销型网购供应链。

1. 平台型网购供应链

在平台型网购供应链中,网络零售平台是供应链的主体,平台制定规则,但不介入商品的销售和运营。在这种结构中,线上零售商在平台上面发布产品信息,进行销售活动,若产生订单则通知供应商直接发货给消费者;供应商也可以直接在平台进行销售,产生订单后直接通过物流服务商快递给消费者,不涉及第三方零售商。

平台型网购供应链中产品种类比较丰富,消费者选择空间大,有利于网络平台市场规模的扩大,加之网络平台多以轻资产模式进行运营,获利能力强。但是,由于零售商太分散,消费者购物体验难以达到一致,供应链管理难度大,供应商或零售商很难形成规模效应。

实践中,平台型网购供应链的代表有天猫商城网购供应链及淘宝网网购供应链等。

2. 买卖型网购供应链

买卖型网购供应链,是指网络零售平台参与网购营销的全过程,即平台介入采购活动,将商品从供应商采购后放入自己的仓库中进行存储,然后在平台上面发布产品信息,进行销售。若收到订单,则从仓库中直接发货给消费者,无须向供应商转告,供应链的核心竞争力在于成本控制。

这种供应链在商品配送、客服服务及退换货等方面能为消费者提供良好的购物体验,但是,产品局限于热销商品,且平台投入很大,盈利难度大。

实践中,京东商城及当当网所在供应链就是典型的买卖型网购供应链。

3. 代销型网购供应链

代销型网购供应链与买卖型网购供应链类似,只是在商品采购过程中,不同于买卖型网购供应链直接将商品采购入库然后销售,而是以代理销售方式,不买断商品,因此,网络平台没有库存风险。

代销型网购供应链也能为消费者带来很好的购物体验,包括配送速度和服务质量、客服反馈、退换货等服务,但是,这种方式只适用于品牌集中度不高的品类。此外,这种方式对供应链运作能力要求极高,需要较高的供应链投入。

实践中,唯品会所在供应链就是典型的代销型网购供应链结构。

在三种网购供应链结构中,金融机构的参与度相差不大,主要是因为支付在整个网购活动中起着至关重要的作用。平台型网购供应链中第三方物流服务商的作用也非常显著，因平台通常不会构建自有物流体系。而在买卖型及代销型网购供应链中，平台通常构建自己的物流配送体系，以有效控制物流成本，并保障消费者的购物体验。保险机构通常与平台型网购供应链合作，因其商品销售方多为中小型企业及个人创业者，信誉度不高，消费者在这类平台上面购物时对自我权益保障的欲望相对更强。

当然，实践中电商企业发展模式多呈现多元化趋向，使其供应链结构复杂化。例如，京东商城、亚马逊、苏宁易购等都同时开展平台业务及自营业务，即同时涉及平台型和买卖型供应链结构。本章主要针对平台的主要经营模式所对应的供应链结构进行分析，以突出差异化支付环境对网购供应链的影响。

2.2.3　网购供应链特征

1. 以顾客需求为导向

网购供应链的形成及多种结构形式的存在、产品和服务种类的多样化发展等，都是为了更好地满足消费者的需求。网购过程中，消费者需求是网购供应链商流、物流、信息流和资金流得以运作的源泉。只有为消费者提供满意的服务，才能吸引住消费者，供应链才能获利。利用先进的信息技术，网购供应链可以从消费者的购物记录、售后评价与反馈等信息中充分了解和把握消费群体的需求，并迅速反应，将需求转化为生产力，从而开拓新市场，为供应链创造更多利润。

2. 商品和服务集成化

在网购供应链中，商品和服务是紧密联系在一起的，两者体现出高度集成化。供应商提供商品的信息会影响消费者的购买决策，商品的质量会影响消费者的退货行为，而配送服务、支付服务等方面的体验也会直接影响消费者对购买商品效用的评价，直接影响网购交易的成功率。商品和服务的集成化特征，为网购供应链协作管理提出了更高的要求。商品提供方和服务提供方需要共同合作来保障消费者的购物体验。

3. 协调性

网购供应链本身就是一个整体，是一个协调统一的系统。供应链中各个成员紧密配合，统一目标，一致行动。供应链中各成员利益相互制约，如果商品供应商提供了优质的商品，而服务供应商的服务质量不能满足消费者要求，那么，网购交易的成功率就很低，商品供应商和服务供应商均不能从中获利，反之亦然。只有商品和服务均满足消费者的需求，交易才能成功，网购供应链才能获利。因此，网购供应链协调机制设计非常重要。

2.2.4 不同支付服务环境下网购供应链体系

基于网购供应链以顾客需求为导向的特征，本书充分考虑差异化支付环境对消费者信任体验和便利体验的影响，进而分析不同消费者体验对消费者行为的影响，描述该影响下的市场需求；基于商品和服务集成化特征，本节从支付服务角度出发，刻画不同支付环境对消费者购买决策的影响，以及对网购供应链利润的影响；基于协调性特征，研究在差异化支付环境下，兼顾消费者购物体验和网购供应链绩效的供应链协调策略。为突出研究重点，本节将构建由单一供应商和单一零售商及终端消费者构成的买卖型网购供应链，网购供应链结构如图 2-3 所示。

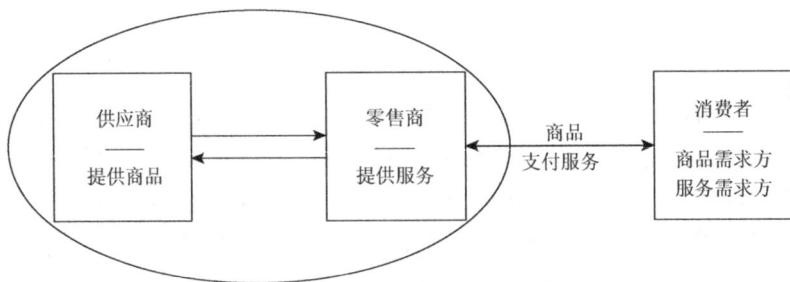

图 2-3 网购供应链结构图

在该网购供应链中，网络平台服务、物流配送服务、支付服务均由零售商提供。不同支付环境下消费者购物体验（包括信任体验和便利体验）不同，即零售商在支付服务方面的经营决策直接影响消费者购物体验及购物过程中的行为。供应商和零售商都是独立的经营主体，其经营决策的制定以最大化自我利益为准则；消费者作为独立个体，以最大化效用为行为准则。供应商和零售商提供的商品、服务质量及制定的商品零售价格直接影响消费者效用，消费者行为反过来影响市场需求，即各主体之间相互影响。因此，基于消费者行为，制定实现个体最优的网购供应链分散决策及实现整体最优的集中决策是管理者需要解决的一个主要问题，本书将在第 3 章对此进行深入研究。市场需求同时受供应商和零售商决策的影响，因此，可以把两者看作一个联盟，通过契约等方式互相约束、激励对方的行为，最终达到一个协调状态。

2.3 不同支付服务环境下网购供应链作用机理

差异化支付环境下的支付服务不同，网购供应链利用差异化支付服务来消除网购消费者在信任和便利两方面的担忧,改善他们的网购体验,进而提高网购供应链绩效。不同支付环境下支付服务对网购供应链的影响机理主要包括如下两方面。

2.3.1　运营成本产生的直接作用

线上、线下两种支付方式下线上零售商的运营成本不同。线上预付方式要求消费者在线支付货款,通过线上预付系统即可完成,其运营成本较低。另外,消费者提前支付的货款在配送期内还能够为零售商产生资金收益。因此,零售商更加偏爱线上预付方式。开展线下支付服务时,要求零售商的附属物流企业能够支持收款功能,需要配备 POS 机等。开展线下支付服务的网购供应链,通常会构建自营物流配送体系,以便利收款,这就需要服务建设方面投入较大资本。通常来说,线下支付方式下电商企业的单位利润会比线上预付服务时低。

2.3.2　消费者网购体验产生的间接作用

消费者效用函数,通常是表示消费者在消费过程中所获得的效用与所消费的商品组合之间数量关系的函数,用来衡量消费者从消费过程中所获得满足的程度。在本书的研究背景之下,消费者消费一单位单一商品,其效用为消费过程中所获得的各种效用之和。网购过程中,影响消费者效用的因素不仅包含商品的价值、价格,还包括服务质量所附带的效用。其中,服务质量主要体现在消费者购物体验方面。

消费者购物体验,即消费者在购物过程中的经历。大量文献已经证明购物体验对消费者购物行为有重要影响,尤其在网购环境中,这种影响更为显著。为消费者提供满意的商品和服务,有效提高客流量与转化率,是网购供应链得以发展的根本保障。然而,由于我国正处于网购行业发展初期,网购经营者行为不规范,网购体系诚信问题突出,售后服务差,追究责任困难,以及网购欺诈等问题,严重影响消费者的购物心情。《2017 年中国电子商务用户体验与投诉监测报告》数据显示(图 2-4),目前电子商务零售行业的问题主要集中在发货、退款、退换货及产品质量方面。此外,网络售假、虚假促销、网络诈骗等诚信方面的问题也深刻困扰着网购消费者,同时,客户服务及物流等服务问题也很严峻。

将上述网购投诉热点问题进行分类,主要分为两部分:信任问题和便利问题。其中,信任问题包括发货迟缓、质量问题、网络售假、虚假促销、网络诈骗等,便利问题包括退换货难、退款难、客户服务及物流服务等。这些问题的存在严重

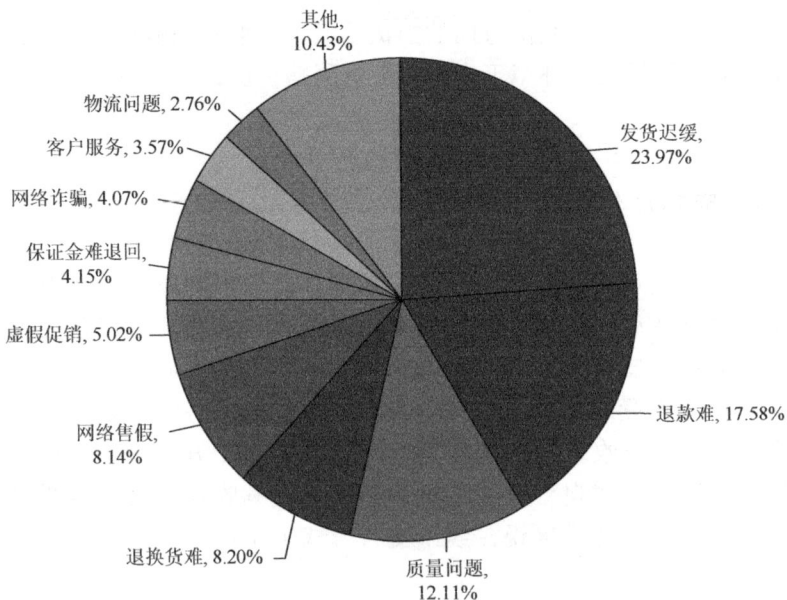

图 2-4 2017 年中国网络零售十大热点被投诉问题

资料来源：《2017 年中国电子商务用户体验与投诉监测报告》

影响消费者的网购体验，降低消费者的网购热情，阻碍网购行业的进一步发展。因此，基于消费者购物体验的服务创新尤为重要，而网购供应链提供的差异化支付服务，恰是为了消除网购消费者在信任和便利方面的担忧，改善消费者在网购交易过程中的信任和便利体验，达到拉动消费的目的。

可见，商品零售价格、网购服务便利性及信任性是影响网购消费者效用的主要因素。降低商品零售价格能够提高消费者效用，增大市场需求，然而，也直接降低了电商企业的利润，因此，商品价格决策至关重要。提高服务质量，即提高网购交易的信任性和便利性，也能够提高消费者效用，改善消费者购物体验。那么，差异化支付服务是如何影响消费者购物体验的呢？

1. 差异化支付服务影响网购消费者的信任体验

消费者信任体验包括两个方面：第一，服务层面，即对网购交易过程中安全方面的体验；第二，商品层面，即对商品质量、匹配度、配送速度等方面的担忧。

就第一层面，通常来说，消费者在线上预付服务下的信任体验较差。该服务下，消费者先付钱后收货，使得质量问题成为横亘在消费者与电商企业之间的最大问题，同时存在电商企业虚假发货、不发货、延迟发货的风险。此外，该支付服务需要消费者向第三方提供自己的个人信息，包括银行卡卡号、姓名、身份证信息等，具有一定的风险。2016 年上半年中国网络零售业十大投诉问题中，质量问题、发货迟缓及网络诈骗问题仍居十大被投诉热点之列。而线下支付服务允许消费者收到货物满意后再现金、刷卡或扫码支付，能够完全消除消费者在这些方面的担忧，有效改善消费者在这一层面的信任体验。《2016 年中国网购用户行为及偏好研究报告》也指出，目前网购市场主要消费群体对支付服务非常重视，其中，年轻消费群体（40 岁以下）非常看重支付多样性，年长消费群体（40 岁以上）非常看重支付安全性。

关于第二层面，商品质量差、匹配度低对应的消费者行为就是退货、退款，即消费者关于第二层面的担忧实际上是对退货、退款便利性的担忧，即该层面的信任体验是通过便利体验体现的。线下支付服务允许消费者收到货物后，如若不满意则可直接拒收，免去了退货、退款的烦琐过程，有效消除了消费者的这类担忧。线上预付服务下，消费者这一方面的体验就会较差，使得退款难、退换货难成为十大投诉热点的关键问题。

2. 差异化支付服务影响消费者的便利体验

消费者网购过程中的便利体验主要包括：网上下单过程便利性、收货过程便利性及退货过程便利性。

网购过程中下单过程便利性主要体现为支付过程的便利性。根据图 2-1 和图 2-2 关于线上预付和线下支付的付款流程能够发现，相对于线下支付方式，在下单之前，线上预付需要消费者首先开通网上银行、支付宝或连接快捷支付，便利性方面略差。尤其对于那些不熟悉电脑操作的初级网民，线上预付方式的操作成本偏高。《网购消费者点击背后的数据和习惯——消费者心理和网购支付》数据显示，约有 29% 的消费者会因为购买前注册流程烦琐而放弃购买。可见，支付服务的便利特性直接影响网购消费者的购买行为。线下支付服务，在购买阶段的便利性深受广大消费者的喜爱。

然而，线下支付服务在收货过程的便利性方面比线上预付略逊一筹。为提高网购便利性，电商平台，如天猫、京东纷纷在全国各地设立自提柜，方便消费者取货。而货到付款因其需要当面验货、付款，消费者便利体验会差一些。

退货过程的便利性，主要取决于退货流程的简易度。线上预付和线下支付两种支付服务的退货流程不同，给消费者产生的退货成本也有所不同，因此，支付服务也会通过影响消费者的退货行为进而影响其购买决策的制定。线上预付服务下，消费者收到货物后需要退货时，首先需要登录"我的淘宝"—"已买到的宝贝"页面找到该笔订单，点击"退款/退货"—"我要退货"，待退款协议达成，显示为"请退货"后，即可联系快递公司将商品邮递给商家指定地点，或者直接点击"预约快递上门取件"进行退货。结合天猫商城官方网站上面的退货流程说明，线上预付方式的退货流程描述如图 2-5 所示。线下支付服务极大地简化了消费者的退货流程。这是因为，若消费者选择线下支付服务，则通常会在收到货物并且满意之后再付款，如果对产品不满意，则会直接拒绝接收商品。因此，线下支付服务下消费者的退货成本微乎其微。

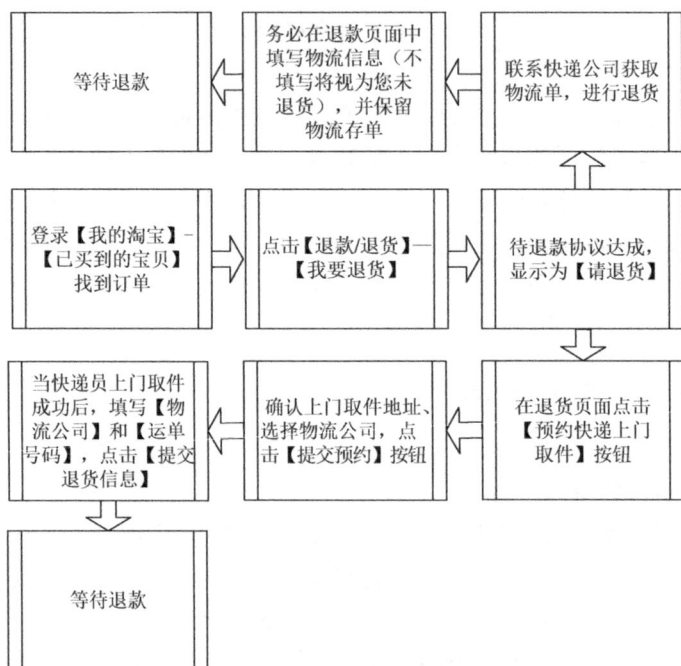

图 2-5　线上预付方式下网购消费者退货流程

资料来源：https://service.tmall.com/support/tmall/knowledge-5120206.htm

以上即为差异化支付服务通过消费者效用对网购供应链产生的影响。差异化支付服务通过影响网购过程中消费者购物体验，进而影响消费者效用，最后影响消费者行为；消费者购买行为和退货行为决定网购供应链中零售商的销售量和退货率，进而直接影响网购供应链销售收入。为提高网购供应链利润，企业会在供应链节点制定策略以提高消费者效用，改善消费者购物体验，最终形成一个循环，如图 2-6 所示。

综上可得，差异化支付服务不仅通过消费者效用影响网购供应链的市场需求，还会对供应链运营成本产生直接影响。基于差异化支付服务对网购供应链的影响，网购供应链中供应商和零售商通过博弈，各自制定最优决策以最大化自我利润，即达到分散决策机制下的纳什均衡状态。同时，供应商和零售商也可能进行协调博弈，即通过契约约束彼此行为，促使网购供应链达到集中决策机制下的利润水平。

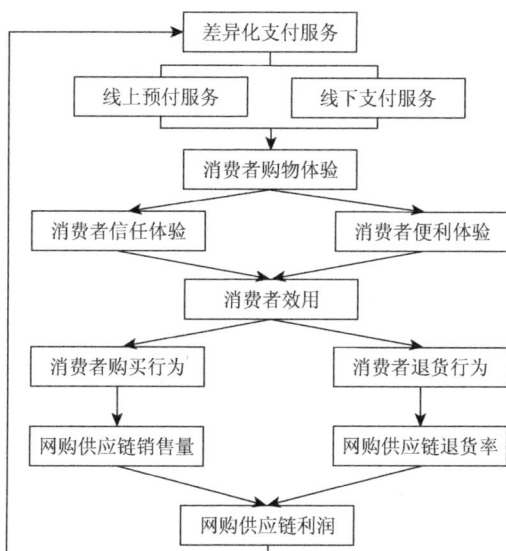

图 2-6　差异化支付服务通过消费者效用对网购供应链的影响

2.4　网购供应链主体博弈分析与优化模型

2.4.1　参与主体博弈分析

　　网购供应链中的参与主体主要包括供应商、零售商及消费者。供应商和零售商作为企业一方,负责为终端消费者提供商品和服务,其商品和服务质量将会影响终端消费者效用,进而影响网购供应链市场需求。供应商作为零售商的上游,其批发价格决策将会直接影响下游零售商的零售价格决策,也会最终影响终端市场需求。终端市场又会反过来作用于网购供应链,影响网购供应链的利润。

　　因此,在考虑差异化支付服务影响的网购供应链中,存在企业方(即供应商和零售商构成的整体)与消费者之间的博弈,主要体现在网购服务质量和零售价格方面;同时,存在供应商和零售商之间的博弈,主要体现在价格决策中。各方之间通过博弈,最终实现利润最大化的目标。

　　博弈论(game theory),是对智能的理性决策者之间冲突与合作的数学模型的研究,被广泛应用于很多学科,包括政治学、生物学、经济学、国际关系、计算机科学、军事战略等。博弈论主要利用数学方法来解决涉及两个以上主体且主体间决策对相互间福利有影响的问题。它主要研究人们的策略互动行为,即人们的行为在直接相互作用时的决策及决策均衡问题,因此又被称为"交互决策理论或互动决策理论"。换句话说，博弈论研究市场经济环境中，如何制定出大家都自愿遵守和实施的有效制度安排。

博弈分为合作博弈（cooperative game）和非合作博弈（non-cooperative game）。合作博弈强调的是团体理性（collective rationality）。非合作博弈是研究人们在利益相互影响的局势中如何进行策略选择，以最大化自己的收益。现实中，非合作博弈比博弈情况更普遍。

纳什均衡是比较著名的非合作博弈均衡，是博弈论的一个重要术语，以约翰·纳什命名。假设有 n 个局中人参与博弈，给定其他 $n-1$ 人策略条件下，第 $i(i \in [1,n])$ 人选择使自己利润最大的策略作为最优策略（个人最优策略可能依赖于也可能不依赖于他人的战略）。所有 n 个局中人策略构成一个策略组合。如果该策略组合是由 n 个参与人的最优策略组成，则称该组合为纳什均衡。当达到均衡状态时，没有人有足够理由改变其最优策略。纳什均衡，从实质上说，是一种非合作博弈状态。

可见，纳什均衡得到的是使个体最优的均衡策略，即我们通常所说的分散决策。由于双边际效应的存在，个体最优并不一定能够达到整体最优。然而，供应链管理以系统集成化为理念，以整体利益最大化为管理准则，即追寻实现整体最优的集中决策。通常情况下，企业管理者通过引入供应链契约以引导供应链主体加强合作，以调整非合作博弈状态下的分散策略，向合作博弈状态下的集中决策转移，即最终实现合作博弈均衡，达到供应链协调状态。

所谓协调博弈，是指在博弈所定义的收益空间中，所有均衡点都同时满足以下条件：①在给定其他参与人行为策略的条件下，没有任何激励能够改变人们的行为策略；②没有参与者希望其他参与者改变其行为策略。

协调博弈就是存在多个能够进行帕累托排序的纳什均衡博弈，它解决的是纳什均衡中的多重均衡问题，最终实现个体和整体均最优的目标。

本书中，第 3 章主要分析网购供应链系统决策，即分散决策机制下网购供应链中供应商和零售商的均衡决策，以及集中决策机制下网购供应链的均衡决策，其中，网购供应链的分散决策即为纳什均衡博弈；在第 4 章和第 5 章中，综合比较分析差异化支付服务下基于不同决策机制的网购供应链的系统均衡利润，挖掘网购供应链的协调空间，然后引入合适的供应链协调契约，制定个体最优策略以同时达到整体最优效果，并称此时的供应链策略为协调策略，即采用协调博弈达到网购供应链协调。

2.4.2　优化模型及其最优解

本节研究的优化问题是无约束优化问题，使用优化模型表示如下：

$$\text{问题 (P)} \begin{cases} \max f(x) \\ x \in R^n \end{cases}$$

式中，x 为 n 维向量。

对问题 (P) 最优解的计算，主要按照以下方法。

定义 2.1　（局部极大值点）假设 $x^* \in R^n$，如果存在常数 $\sigma > 0$ 使得

$$f(x^*) \geqslant f(x) \qquad \forall x \in U(x^*, \sigma)$$

成立，则称 x^* 是 $f(x)$ 的局部极大值点。式中，$U(x^*, \sigma)$ 为以 x^* 为中心，以 σ 为半径的领域。

定义 2.2　（全局极大值点）假设 $x^* \in R^n$，如果 $\forall x \in R^n$ 使得

$$f(x^*) \geqslant f(x)$$

成立，则称 x^* 是 $f(x)$ 的全局极大值点。

定义 2.3　在 n 个参与者博弈 $G = \{S_1, \cdots, S_n; u_1, \cdots, u_n\}$ 中，如果战略组合 $\{s_1^*, \cdots, s_n^*\}$ 满足对每一个参与者 i，s_i^* 是（至少不劣于）针对其他 $n-1$ 个参与者所选战略 $\{s_1^*, \cdots, s_{i-1}^*, s_{i+1}^*, \cdots, s_n^*\}$ 的最优反应战略，则称战略组合 $\{s_1^*, \cdots, s_n^*\}$ 是该博弈的一个纳什均衡。即

$$u_i(s_1^*, \cdots, s_{i-1}^*, s_i^*, s_{i+1}^*, \cdots, s_n^*) \geqslant u_i(s_1^*, \cdots, s_{i-1}^*, s_i, s_{i+1}^*, \cdots, s_n^*)$$

对所有 S_i 中的 s_i 都成立，亦即 s_i^* 是以下最优化问题的解：

$$\max_{s_i \in S_i} u_i(s_1^*, \cdots, s_{i-1}^*, s_i^*, s_{i+1}^*, \cdots, s_n^*) \geqslant u_i(s_1^*, \cdots, s_{i-1}^*, s_i, s_{i+1}^*, \cdots, s_n^*)$$

逆向归纳法决策过程分析如下。

博弈问题分析：

（1）参与者 1 从可行集 A 中选择一个行动 a；

（2）参与者 2 观察到 a 后，从可行集 B 中选择一个行动 b；

（3）两人的收益分别为 $u_1(a,b)$ 和 $u_2(a,b)$。

解决方法：

首先从第二博弈阶段开始，考虑参与者 2 的行动时，已知参与者 1 的行动 a，然后，参与者 2 面临的决策问题可以表示为

$$\max_{b \in B} u_2(a,b)$$

假定对 A 中的每一个 a，参与者 2 的最优化问题只有唯一解，用 $R_2(a)$ 表示，这就是参与者 2 对参与者 1 的行动的反应（或最优反应）。由于参与者 1 能够和参与者 2 一样分析参与者 2 的问题，参与者 1 可以预测到参与者 2 对参与者 1 每一个可能行动 a 所作出的反应，这样参与者 1 在第一阶段要解决的问题可以归结为

$$\max_{a \in A} u_1[a, R_2(a)]$$

假定参与者 1 的最优化问题同样有唯一解 a^*，那么，我们称$[a^*, R_2(a^*)]$是这一博弈的逆向归纳解。

2.5　基于差异化支付环境的网购供应链协调问题分析

网购市场以消费者为导向，网购体验影响消费者行为，进而决定网购交易的成败，影响网购行业的发展。消费者投诉热点问题主要包括信任和便利两方面，因此，改善消费者网购过程中的信任体验和便利体验对于网购供应链的发展非常重要。

为了消除消费者的购物担忧，改善消费者在信任和便利方面的购物体验，网购供应链推出差异化支付服务，即线上预付和线下支付。差异化支付服务能够满足消费者在信任和便利体验方面的不同需求，有助于拉动消费，提升网购供应链利润。然而，开展线下支付服务需要额外的经营投入，导致线下支付服务的运营成本增加，利润空间缩小。因此，需要明晰不同支付服务对网购供应链的影响机理，进一步研究兼顾消费者购物体验与网购供应链绩效的网购供应链协调策略。综上，本书主要解决以下问题。

问题 1：不同支付服务如何通过消费者购物体验影响网购消费者效用，进而影响网购供应链利润？

问题 2：基于不同支付服务对网购供应链的影响，如何优化设计网购供应链支付服务和决策机制？

问题 3：基于网购供应链不同支付服务和决策机制的最佳适用条件，兼顾消费者购物体验和网购供应链绩效，如何通过契约设计制定网购供应链协调策略？

本书主要通过以下三个方面解决上述问题。

（1）不同支付服务对网购供应链的影响。一方面，分析差异化支付服务通过消费者效用产生的影响，即通过差异化支付服务对网购消费者购物体验的影响，提取影响消费者效用的关键因素，构建消费者效用函数，进一步刻画差异化支付服务下消费者的购买决策和退货决策，分别描述不同支付服务下基于消费者信任体验和便利体验的市场需求函数；另一方面，在网购供应链利润函数中直接展示不同支付方式对应的供应链运营成本。

（2）网购供应链支付服务与决策机制的优化设计。基于差异化支付服务对网购供应链的影响，分别针对信任体验主导和便利体验主导两种情形，构建分散决策及集中决策机制下网购供应链的利润决策函数模型，并对其进行求解以获得不同购物体验和决策机制下网购供应链的均衡策略，进而确定不同支付服务和决策机制的最佳适用条件，进行支付服务和决策机制的优化设计。

（3）兼顾消费者购物体验及网购供应链绩效的网购供应链协调。分别针对信任体验主导和便利体验主导两种情形，基于上述研究过程所得不同支付服务和决策机制的最佳适用条件，利用网购供应链契约设计，激励网购供应链改善消费者购物体验，引导消费者进行线上预付，同时实现网购供应链协调。

值得注意的是，本章分别针对信任体验主导和便利体验主导进行了网购供应链协调策略分析，并未考虑信任体验和便利体验均主导及均不主导的情形。这是因为，当两种体验均为主导因素时，说明消费者对网购交易既不信任也不觉得便利，两种体验均很差，这类消费者参与网购的可能性甚微，很难成为电商企业的目标销售群体，因此，不属于本书研究的范围；当两种体验均不主导时，说明消费者对网购的信任和便利体验极佳，此时，电商企业只推出线上预付服务即可，这是网购行业发展成熟的标志之一，也是供应链协调要实现的终极效果。本书的研究目的即为促进网购行业健康、成熟地发展。

2.6　本 章 小 结

本章定义了网购过程中的差异化支付服务；对网购供应链体系进行了分析，界定了网购供应链的定义、结构及特征，描述了差异化支付服务下的网购供应链体系，指出了网购供应链以顾客需求为导向，应该制定策略改善消费者网购体验；网购成员之间关系更加紧密，个体决策相互影响，供应链协调意义突出；分析了差异化支付服务对网购供应链的影响机理，即差异化支付服务不仅直接影响网购供应链运营成本，还会通过消费者效用间接影响网购供应链市场需求；进行了网购供应链主体博弈分析，给出了博弈模型构建与解决的方法；最后围绕协调提出主要问题。

第3章 不同支付方式下线上企业价格决策分析

3.1 问 题 描 述

实践中，线上预付是基本支付方式。线上企业往往只提供线上预付方式，或者同时提供线上预付与货到付款（即"双支付模式"）。不同支付模式下消费者效用不同，那么，支付方式如何影响消费者的网购行为，进而影响市场需求分布呢？两类支付服务产生的成本各不相同，要实现利润最大化，线上企业应该如何区别制定价格决策？提供线上预付和双支付模式支付服务的最佳时机是什么时候？本章将对这些问题进行深入研究，进一步研究网购环境下支付服务对消费者行为的直接影响，以及对线上零售商价格决策的深度影响，挖掘支付服务设计对网购供应链快速、健康发展的意义。

3.2 模 型 描 述

考虑一个零售商通过网上渠道销售某单一商品，提供支付模式为：线上预付或双支付模式。消费者以最大化自我效用为准则进行支付模式的选择。令 v 代表商品的价值，$\theta \in (0,1]$ 表示消费者对商品的偏好程度。基于网络购物的远程特点，消费者只有收到商品并查看之后才能确定其是否满足自己的需求。如果喜欢该商品，则会获得价值 θv，否则，获得价值为零。同 Balakrishnan 等（2014）的研究假设，令购买成本（e-purchase cost）β 表示网购过程发生的各项操作成本，诸如网上注册、登录、订单取消等，以及对网购安全性担忧的成本。《网购消费者点击背后的数据和习惯——消费者心理和网购支付》针对 1200 名网购消费者进行调查研究，发现 29%的消费者放弃付款是因为网站需要注册才能支付，而有 10%的消费者则因为付款步骤太烦琐而放弃。由于货到付款支付在上述方面具备极高便利性，因此，为突出其与线上预付模式在便利性方面对消费者效用的影响，假设货到付款方式下消费者购买成本为零。为了体现不同消费者的业务处理能力，考虑消费者的异质性，假设 $\beta \sim \text{Uniform}[0, 2\bar{\beta}]$，分布函数是 $F(\cdot)$，则 $\bar{\beta}$ 是消费者的平均购买成本。

商品配送过程中，消费者需要支付配送费用。假设两种方式下的基本配送费用均为商品零售价格 p 的 $\sigma (0 < \sigma < 1)$ 倍。此外，货到付款方式下通常要求消费者

额外支付一定的服务费 $\eta p(0 \leqslant \eta < 1)$。如果电商拥有自营物流，如京东商城、当当网等，则一般不会收取该项服务费。但是如果电商外包物流，如跟宅急送、顺丰等合作，则通常需要收取一定比例的服务费。

在收货过程中，消费者也会产生一个交易成本（如为配合收货时间、地点而作的计划调整等）。目前，各种自提服务、菜鸟驿站、快 e 点服务站等的设置，大大提高了消费者收货过程的灵活性，有效降低了消费者的交易成本。但是由于货到付款需要消费者当场验货并付款，其交易成本依然存在。因此，我们可以假设线上预付方式下消费者的交易成本为零，货到付款方式下为 $\alpha(\alpha > 0)$。

如果消费者不喜欢所购买商品，则会选择退货。线上预付的退货流程包括填写退货申请、同意退货后快递发回商品、等待商家确认并退款。因此，可以令 $\gamma p(0 < \gamma < 1)$ 表示线上预付方式下的退货成本。而在货到付款方式下，允许消费者直接拒收不喜欢的商品，因此，可以假设该情况下的退货成本为零。

对于线上零售商，不同支付方式下的成本各不相同。基于网购交易过程中时间经济和空间经济的转移，零售商在线上预付方式下能够利用商品预付款在配送周期进行再投资获利，假设投资回报率为 r/d，平均配送周期为 t，则单位价值的投资收益为 rt。假设退回商品的单位价值为 $\xi p(0 < \xi < 1)$，由于线上预付方式下消费者自行退货并承担退货运费（非质量原因），而货到付款方式下零售商负责全部退货事宜，可以假设货到付款方式下零售商产生退货交易成本 $\lambda p(0 < \lambda < 1)$。

网上零售价格 p 是决策变量，线上零售商通过最优化价格决策以最大化不同支付服务下的利润。线上零售商面对的消费者数量标准化为 1，代表最大市场需求。每个消费者都深知自己的购买成本 β、零售价格 p，以及其他参数（$\sigma,\eta,\alpha,\gamma$）。这些信息指导消费者的支付、购买及退货行为，而消费者的行为又会反过来影响零售商的价格决策。

3.3　消费者行为决策过程分析

3.3.1　消费者效用函数构建

消费者以效用最大化为准则来确定网购过程中的一系列行为，且不同支付方式下消费者效用各不相同。如果仅存在线上预付方式，则当购买商品的效用为正数时，消费者会选择利用线上预付完成购买交易；如果存在双支付模式，则消费者选择能够实现更大效用的支付方式。零售商事先并不知道消费者支付方式选择结果，该结果取决于零售商的价格决策及其他相关参数。不同支付方式下消费者的决策过程如图 3-1 所示。令 $i = o,d$，分别表示线上预付和双支付模式情形。

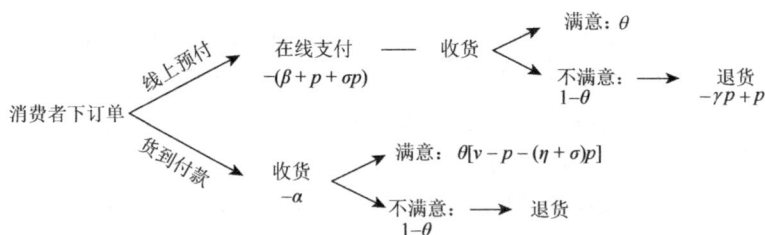

图 3-1　不同支付方式下消费者决策图

于是可以得到，若选择线上预付方式，则消费者在提交订单时支付成本费用 $\beta + p_i + \sigma p_i$，收到货物后，若喜欢，则得到效用 θv；否则，发生退货，收回产品支付价格 p_i，但需要支付退货运费 γp_i。因此，线上预付时消费者效用为

$$S_1(\beta) = \theta(v - p_i) - \sigma p_i - \beta - (1 - \theta)\gamma p_i \qquad (3-1)$$

如果消费者选择双支付模式下的货到付款，则在收货过程中发生交易成本 α，验货后如果感觉满意，则需要支付商品价格 p_d、配送费用 σp_d 和服务费 ηp_d，否则，可以直接拒绝收货。因此，货到付款方式下消费者效用为

$$S_2(\beta) = \theta[v - p_d - (\sigma + \eta)p_d] - \alpha \qquad (3-2)$$

基于各自的购买成本，消费者选择能够实现最大化效用的支付方式。购买成本 β 直接影响消费者对支付方式的选择，可以用来划分不同类型的消费者。具有较高购买成本的消费者，通常会选择货到付款支付方式，而购买成本较低的消费者则往往偏好线上预付，如图 3-2 所示。可以发现，随着购买成本由低到高变化，支付方式由线上预付向货到付款转移。

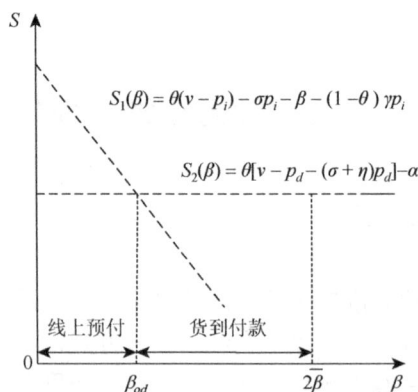

图 3-2　不同支付方式下消费者效用

令 β_{od} 表示两种支付方式下消费者效用相同时的购买成本，则

$$\beta_{od} = \alpha -[(1-\theta)(\sigma+\gamma)-\theta\eta]p_d \qquad (3\text{-}3)$$

定义 3.1　在双支付模式情境下，

（1）若 $0 < p_d < \dfrac{\alpha - 2\bar{\beta}}{H}$，则全部消费者都会选择线上预付方式；

（2）若 $\max\left\{0, \dfrac{\alpha - 2\bar{\beta}}{H}\right\} \leqslant p_d \leqslant \min\left\{\dfrac{\alpha}{H}, \dfrac{\theta v - \alpha}{\theta(1+\sigma+\eta)}\right\}$，则两种支付方式都会被使用；

（3）若 $\alpha < \dfrac{\theta v H}{H + \theta(1+\sigma+\eta)}$ 且 $\dfrac{\alpha}{H} < p_d < \dfrac{\theta v - \alpha}{\theta(1+\sigma+\eta)}$，则全部消费者都会选择货到付款。

式中，$H = (1-\theta)(\sigma+\gamma)-\theta\eta$。

证明： 根据图 3-2 可得：①当 $\beta_{od} > 2\bar{\beta}$ 时，$S_1(\beta) > S_2(\beta)$ 恒成立，全部消费者都会选择线上预付方式。此时，$0 < p_d < \dfrac{\alpha - 2\bar{\beta}}{H}$。②当 $0 \leqslant \beta_{od} \leqslant 2\bar{\beta}$ 且 $S_2(\beta) > 0$ 时，则 $S_1(\beta) > S_2(\beta)$ 在 $\beta \sim (0, \beta_{od})$ 成立，表示该区间内消费者会选择线上预付；$S_1(\beta) < S_2(\beta)$ 在 $\beta \sim (\beta_{od}, 2\bar{\beta})$ 成立，表示该区间内消费者会选择货到付款。由 $0 \leqslant \beta_{od} \leqslant 2\bar{\beta}$ 可得 $\dfrac{\alpha - 2\bar{\beta}}{H} \leqslant p_d \leqslant \dfrac{\alpha}{H}$，由 $S_2(\beta) > 0$ 可得 $p_d < \dfrac{\theta v - \alpha}{\theta(1+\sigma+\eta)}$。③当 $S_1(0) < S_2(\beta)$ 且 $S_2(\beta) > 0$ 时，消费者选择货到付款的效用总是大于选择线上预付时的效用，即消费者都会选择货到付款。由 $S_1(0) = \theta(v - p_d) - \sigma p_d - (1-\theta)\gamma p_d < S_2(\beta) = \theta[v - p_d - (\sigma+\eta)p_d] - \alpha$ 能够得到 $p_d > \dfrac{\alpha}{H}$，由 $S_2(\beta) > 0$ 可得 $p_d < \dfrac{\theta v - \alpha}{\theta(1+\sigma+\eta)}$。若该情形合理存在，则应该满足关系式 $\dfrac{\alpha}{H} < \dfrac{\theta v - \alpha}{\theta(1+\sigma+\eta)}$，进一步化简可得 $\alpha < \dfrac{\theta v H}{H + \theta(1+\sigma+\eta)}$，证毕。

定义 3.1 说明商品零售价格影响消费者对支付方式的选择。当网上购买零售价格较低的商品时，基于损失规避心理，消费者感知的退货负效用也很小[①]，通常会倾向于选择线上预付方式。此外，为节约经营成本，对于价格过低的商品，企业通常也不会提供货到付款支付方式，如淘宝网中的很多低价产品，如（1）所述。但是，生活中存在大量的中档商品，其价值为大众消费者所熟悉，价格处于中端层次。为了尽可能地满足更多消费者的需求，以销售数量的绝对优势缓解价格上

---

① 文中假设消费者的物流费用和线上预付方式下的退货费用与商品零售价格相关，这具有一定合理性。实践中，消费者通常不会为价格低廉的产品支付较高的物流费用，而且相比于较高价格的商品，消费者选择退回较低价格购入商品的概率也很小。

的相对劣势，企业通常提供两种支付方式［（2）］。如果产品的零售价格较高，且货到付款方式下消费者的交易成本较低时［（3）］，则货到付款支付方式更受偏爱。如采购电视机、电冰箱等大型家电时，消费者通常喜欢验货后付款。

该定义一方面反映出消费者购物过程的真实心理，即消费者的风险抵抗能力和损失承受能力不同，尤其当潜在损失较大（产品零售价格较高）时，损失规避的心理作用就会被加强，表现为消费者选择更保险的货到付款支付方式。另一方面，比较分析了不同市场类型的支付策略：低端市场的线上预付方式、大众市场的双支付模式及小众市场的货到付款方式。淘宝网［C2C（customer to customer，个人与个人之间的电子商务）］可以视为一种低端市场的代表，所售商品价格较低，且为小本经营，通常只提供线上预付方式。在大众市场中，产品的适用性较强（如日常生活用品，价格相对适中），能够满足大多数消费者的需求，因此，双支付模式更受偏好，如天猫商城、京东商城、唯品会及当当网等电商平台已经纷纷推出双支付模式。而小众市场的服务对象是高端定制消费者，他们对产品的要求普遍很高（产品价格高），此时，先验货后付款的支付方式更加适合。

3.3.2　市场需求函数构建

根据上述所得消费者的购买决策，能够得到不同支付模式下零售商的需求函数。

首先，分析确定只存在线上预付方式时的市场需求。根据图 3-2 可以看出，当选择线上预付消费者效用为正数时，消费者会选择线上预付；否则，消费者会放弃购买。因此，线上预付方式下的市场需求为 $D_1 = F(\beta_o)$，其中，

$$F(\beta_o) = \begin{cases} 0, & \beta_o \leqslant 0 \\ \dfrac{\theta(v - p_o) - \sigma p_o - (1-\theta)\gamma p_o}{2\bar{\beta}}, & 0 < \beta_o < 2\bar{\beta} \\ 1, & \beta_o \geqslant 2\bar{\beta} \end{cases} \qquad (3\text{-}4)$$

即仅存在线上预付模式下的市场需求函数为

$$D_1 = \begin{cases} 0, & p_o \geqslant \bar{p}_o \\ \dfrac{\theta(v - p_o) - \sigma p_o - (1-\theta)\gamma p_o}{2\bar{\beta}}, & \underline{p}_o < p_o < \bar{p}_o \\ 1, & p_o \leqslant \underline{p}_o \end{cases} \qquad (3\text{-}5)$$

式中，$\underline{p}_o = \dfrac{\theta v - 2\bar{\beta}}{H + \theta(1 + \sigma + \eta)}$，$\bar{p}_o = \dfrac{\theta v}{H + \theta(1 + \sigma + \eta)}$，$H = (1-\theta)(\sigma + \gamma) - \theta\eta$。

接下来，继续分析双支付模式下的市场需求。双支付模式下，消费者选择能够实现更大效用的支付方式，如定义 3.1 所述，可能存在三种市场分布情形：①全部消

费者选择线上预付；②部分选择货到付款、部分选择线上预付；③全部选择货到付款。可以利用交易成本 β_{od} 对上述三种情况进行划分。进一步，只有当消费者效用为正数时，该支付方式下的市场需求才真实存在。双支付模式下市场需求分布函数如定义 3.2 所述。

定义 3.2 双支付模式下市场需求如下。

（1）若 $0 < \alpha \leqslant \dfrac{\theta v H}{B}$ ，则

$$
\begin{cases}
D = D_{dd} = 1 & p_d \in \left(\dfrac{\alpha}{H}, \dfrac{\theta v - \alpha}{\theta(1+\sigma+\eta)} \right] \\[3mm]
D_{do} = \dfrac{\alpha - H p_d}{2\bar{\beta}}, D_{dd} = \dfrac{2\bar{\beta} - \alpha + H p_d}{2\bar{\beta}} & p_d \in \left(\max\left\{ 0, \dfrac{\alpha - 2\bar{\beta}}{H} \right\}, \dfrac{\alpha}{H} \right] \\[3mm]
D = D_{do} = 1 & p_d \in \left(0, \max\left\{ 0, \dfrac{\alpha - 2\bar{\beta}}{H} \right\} \right]
\end{cases} \quad (3\text{-}6)
$$

（2）若 $\dfrac{\theta v H}{B} < \alpha < \dfrac{\theta v H + 2\bar{\beta}\theta(1+\sigma+\eta)}{B}$ ，则

$$
\begin{cases}
D_{do} = \dfrac{\alpha - H p_d}{2\bar{\beta}}, D_{dd} = \dfrac{2\bar{\beta} - \alpha + H p_d}{2\bar{\beta}} & p_d \in \left(\max\left(0, \dfrac{\alpha - 2\bar{\beta}}{H} \right), \dfrac{\theta v - \alpha}{\theta(1+\sigma+\eta)} \right] \\[3mm]
D = D_{do} = 1 & p_d \in \left(0, \max\left(0, \dfrac{\alpha - 2\bar{\beta}}{H} \right) \right]
\end{cases}
$$

$$(3\text{-}7)$$

（3）若 $\alpha \geqslant \dfrac{\theta v H + 2\bar{\beta}\theta(1+\sigma+\eta)}{B}$ ，则

$$
D = D_{do} = 1 , \ p_d \in \left(0, \dfrac{\theta v - 2\bar{\beta}}{B} \right) \quad (3\text{-}8)
$$

式中， $H = (1-\theta)(\sigma+\gamma) - \theta\eta$ ， $B = H + \theta(1+\sigma+\eta)$

证明： 根据定义 3.1：①当 $p_d \in \left(0, \max\left\{ 0, \dfrac{\alpha - 2\bar{\beta}}{H} \right\} \right)$ 时，消费者都会选择线上预付，即 $D = D_{do} = 1$ ；②若 $\dfrac{\alpha}{H} \leqslant \dfrac{\theta v - \alpha}{\theta(1+\sigma+\eta)}$ 即 $\alpha \leqslant \dfrac{\theta v H}{H + \theta(1+\sigma+\eta)}$ 时，则有 $p_d \in \left(\max\left\{ 0, \dfrac{\alpha - 2\bar{\beta}}{H} \right\}, \dfrac{\alpha}{H} \right]$ ，此时两种支付方式均会被选择。其中 $D_{do} = F(\beta_{od}) = \dfrac{\alpha - H p_d}{2\bar{\beta}}$ ， $D_{dd} = 1 - D_{do} = \dfrac{2\bar{\beta} - \alpha + H p_d}{2\bar{\beta}}$ ；若 $\dfrac{\alpha}{H} > \dfrac{\theta v - \alpha}{\theta(1+\sigma+\eta)}$ 即 $\alpha > \dfrac{\theta v H}{H + \theta(1+\sigma+\eta)}$

且满足 $\dfrac{\alpha-2\overline{\beta}}{H}<\dfrac{\theta v-\alpha}{\theta(1+\sigma+\eta)}$ 即 $\alpha<\dfrac{\theta vH+2\overline{\beta}\theta(1+\sigma+\eta)}{H+\theta(1+\sigma+\eta)}$ 时，则 $p_d\in\left(\max\left\{0,\dfrac{\alpha-2\overline{\beta}}{H}\right\}\right.$,

$\left.\dfrac{\theta v-\alpha}{\theta(1+\sigma+\eta)}\right]$，两种支付方式并存，其中 $D_{do}=F(\beta_{od})=\dfrac{\alpha-Hp_d}{2\overline{\beta}}$，$D_{dd}=1-D_{do}=$

$\dfrac{2\overline{\beta}-\alpha+Hp_d}{2\overline{\beta}}$；若 $\dfrac{\alpha}{H}\geqslant\dfrac{\theta v-\alpha}{\theta(1+\sigma+\eta)}$ 且满足 $\dfrac{\alpha-2\overline{\beta}}{H}\geqslant\dfrac{\theta v-\alpha}{\theta(1+\sigma+\eta)}$ 时，则有 $\alpha\geqslant$

$\dfrac{\theta vH+2\overline{\beta}\theta(1+\sigma+\eta)}{H+\theta(1+\sigma+\eta)}$，此时，$S_1(2\overline{\beta})>S_2(\beta)$ 恒成立，即 $D=D_{do}=1$；③当 $\alpha<$

$\dfrac{\theta vH}{H+\theta(1+\sigma+\eta)}$ 且 $\dfrac{\alpha}{H}<p_d<\dfrac{\theta v-\alpha}{\theta(1+\sigma+\eta)}$ 时，消费者都会选择货到付款，即 $D=$

$D_{dd}=1$。综合上述情形，能够得到不同 α 和 p_d 对应的市场需求分布情况，证毕。

双支付模式下市场需求分布见图3-3。

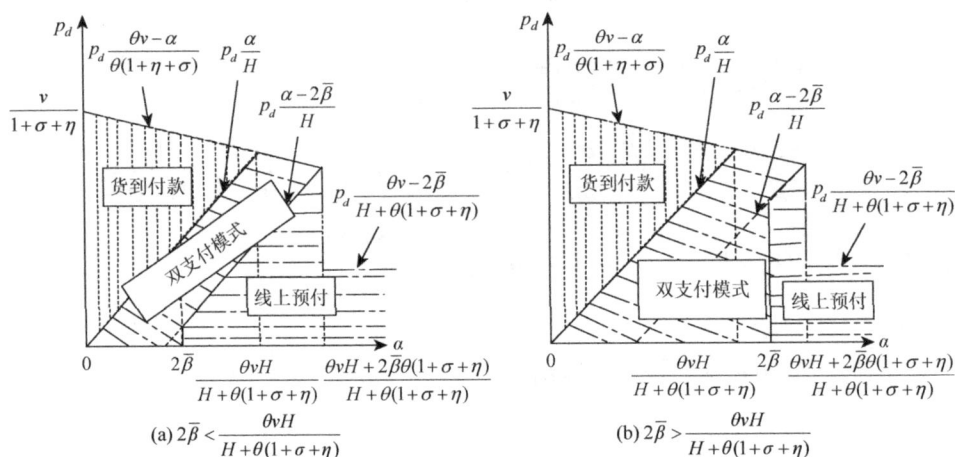

图3-3　双支付模式下市场需求分布图

通过定义3.2和图3-3可以发现，交易成本 α 和零售价格 p_d 影响终端市场中支付方式的分布。一般来说，随着消费者交易成本的增加，消费者逐渐趋向于选择线上预付支付方式；随着商品零售价格的提高，消费者逐渐倾向于选择货到付款支付方式。这意味着，交易成本影响消费者支付方式的选择，而线上零售商可以通过调节零售价格调整支付市场的分布状况。那么，如何调整零售价格，即如何设计能够实现企业利润最大化的价格决策呢？下面将对此进行进一步分析。

3.4　价格决策过程分析

根据消费者的购买行为和市场需求状况，线上零售商确定其最优价格决策以最大化利润。下面构造不同支付模式下零售商的利润函数。

3.4.1　线上预付模式下最优价格决策

在线上预付模式下，利用 D_1 表示对产品感兴趣并且有购买欲望的消费者人群数量。由于网上购物过程具有产品和消费者空间异步特性，消费者验货后才能得知商品的满意度，因此，对商品满意且不会退货的消费者数量为 θD_1，选择退回商品的消费者数量为 $(1-\theta)D_1$。综上，线上预付模式下线上零售商的利润函数 π_1 可以表示为

$$\pi_1 = \underbrace{p_o \theta D_1}_{\text{销售收入}} + \underbrace{\xi p_o (1-\theta) D_1}_{\text{退货收入}} + \underbrace{p_o D_1 rt - cD_1}_{\text{时间价值}} \tag{3-9}$$

结合式（3-5），可得

$$\pi_1 = \max \left\{ \begin{array}{l} [p_o\theta + \xi p_o(1-\theta) + p_o rt - c] \dfrac{\theta(v-p_o) - \sigma p_o - (1-\theta)\gamma p_o}{2\bar{\beta}} \left| \text{s.t. } \underline{p_o} < p_o < \bar{p_o}; \right. \\[3mm] [p_o\theta + \xi p_o(1-\theta) + p_o rt - c] \left| \text{s.t. } 0 < p_o \leqslant \underline{p_o} \right. \end{array} \right\}$$

$$\tag{3-10}$$

式中，$\underline{p_o} = \dfrac{\theta v - 2\bar{\beta}}{H + \theta(1+\sigma+\eta)}$ ，$\bar{p_o} = \dfrac{\theta v}{H + \theta(1+\sigma+\eta)}$ ，$H = (1-\theta)(\sigma+\gamma) - \theta\eta$ 。

对线上预付模式下企业的利润函数进行分析，能够得到以下结论。

定义 3.3　线上预付模式下，企业的最优价格决策受生产成本的影响，且满足：

（1）当生产成本 $c \in ((A\theta v - 4A\bar{\beta})/B, A\theta v/B)$ 时，企业的最优价格决策为 $p_o^* = (A\theta v + Bc)/(2AB)$，市场需求为 $D_1 = (A\theta v - Bc)/(4A\bar{\beta})$，企业均衡利润为 $\pi_1^* = (A\theta v - Bc)^2/(8AB\bar{\beta})$；

（2）当生产成本 $c \in [0, (A\theta v - 4A\bar{\beta})/B]$ 时，企业的最优价格决策为 $p_o^* = (\theta v - 2\bar{\beta})/B$，市场需求为 $D_1' = 1$，企业均衡利润为 $\pi_1^* = Ap_o^* - c$。式中，$A = \theta + \xi(1-\theta) + rt$，$B = \theta + \sigma + (1-\theta)\gamma$，下同。

证明：①根据线上预付模式下零售商利润函数可知，当 $\underline{p_o} < p_o < \bar{p_o}$ 时，

$\dfrac{\partial^2 \pi_1}{\partial p_o^2} = -\dfrac{AB}{\bar{\beta}} < 0$，即存在唯一的最优值 p_o^* 使得利润函数值最大，此时满足关系

式 $\dfrac{\partial \pi_1}{\partial p_o} = \dfrac{A\theta v + Bc - 2ABp_o}{2\bar{\beta}} = 0$。因此，$p_o^* = (A\theta v + Bc)/(2AB)$。将 p_o^* 代入关系式

$\underline{p_o} < p_o^* < \bar{p_o}$，能够得到 $\dfrac{\theta v - 2\bar{\beta}}{B} < \dfrac{A\theta v + Bc}{2AB} < \dfrac{\theta v}{B}$，对其进一步化简能够得到

$\dfrac{A\theta v - 4A\bar{\beta}}{B} < c < \dfrac{A\theta v}{B}$。将 p_o^* 代入市场需求函数和利润函数，能够得到该范围内的

均衡市场需求和均衡利润。②当 $0 < p_o \leqslant \underline{p}_o$ 时，企业利润函数对零售价格的一阶

导数为正数，$\dfrac{\partial \pi_1}{\partial p_o} = A > 0$，即企业利润是零售价格的单调增函数，由此，当 p_o 取

最大值 $\underline{p}_o$ 时利润函数取得最大值，即 $p_o^{*'} = (\theta v - 2\overline{\beta}) / B$。此时，市场需求函数为

$D_1' = 1$，代入利润函数可得 $\pi_1^{*'} = A p_o - c$。

定义 3.4　线上预付模式下，企业的绩效比较结果为：

（1）当生产成本 $c \in ((A\theta v - 4A\overline{\beta}) / B, A\theta v / B)$ 时，随着 c 的增大，p_o^* 逐渐增

大，π_1^* 逐渐减小；

（2）当生产成本 $c \in [0, (A\theta v - 4A\overline{\beta}) / B]$ 时，随着 c 增大，$p_o^{*'}$ 不变，$\pi_1^{*'}$ 逐渐

减小。

证明：根据定义 3.3 所得结论，得到：①当 $c \in ((A\theta v - 4A\overline{\beta}) / B, A\theta v / B)$ 时，

$\dfrac{\partial p_o^*}{\partial c} = \dfrac{1}{2A} > 0$，即 p_o^* 是 c 的单调递增函数；由 $\dfrac{\partial \pi_1^*}{\partial c} = \dfrac{Bc - A\theta v}{4A\overline{\beta}}$ 知，$c < \dfrac{A\theta v}{B}$ 时

$\dfrac{\partial \pi_1^*}{\partial c} < 0$，即该区域内 π_1^* 是关于 c 的单调递减函数。②当 $c \in [0, (A\theta v - 4A\overline{\beta}) / B]$ 时，

$\dfrac{\partial p_o^{*'}}{\partial c} = 0$，即 $p_o^{*'}$ 不受 c 的影响；$\dfrac{\partial \pi_1^{*'}}{\partial c} = -1 < 0$，表示 $\pi_1^{*'}$ 是关于 c 的单调递减函数。

证毕。

线上预付模式下线上零售商均衡利润及价格分布如图 3-4 所示。

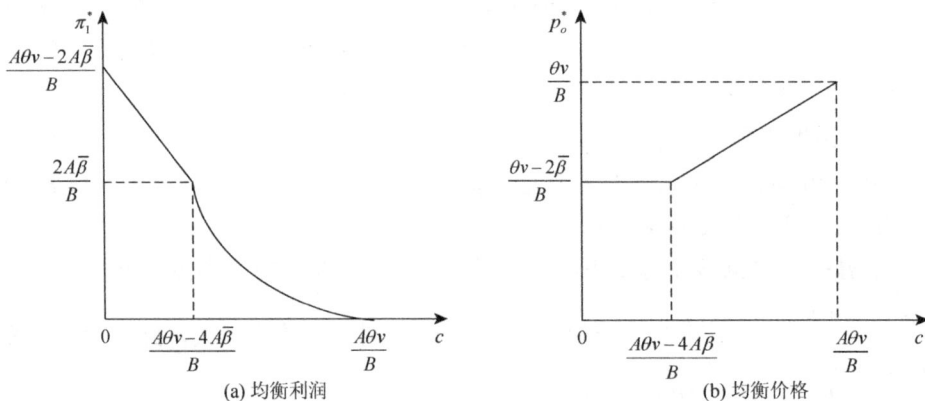

(a) 均衡利润　　　　　　　　　(b) 均衡价格

图 3-4　线上预付模式下线上零售商均衡利润及价格分布图

结合定义 3.3 和定义 3.1 可知，生产成本影响线上零售商的价格决策。生产成本较高时，网上零售价格偏高，市场需求偏小，利润偏低；生产成本较低时，网上零售价格变低，市场需求扩大，利润增加。由此可见，成本控制在网购贸易过

程中非常重要。此外，线上零售商应该准确定位市场，制定合理的价格决策以最大化市场需求和企业利润。

值得注意的是，上述对生产成本的划分实际上代表着电子商务发展的两大主要模式：C2B（customer to business，消费者对企业）和 B2C。C2B 作为一种新兴商业模式，适合商品导入期，通过聚集消费者参与商品设计和生产，以满足他们的个性化需求，且渗透效用有助于商品的进一步推广。在此阶段，市场需求有限，商品生产成本偏高，加之个性化服务成本，使得零售价格较高。当商品进入成熟期后，采用 B2C 模式，通过规模化生产与销售来满足快速增长的市场需求，生产成本下降，市场零售价格趋于平稳。因此，网购过程中企业生产成本从高到低的变化，实际上就是电子商务发展模式从 C2B 到 B2C 的转变，上述相关结论有助于线上零售商制定不同时期的经营决策。

3.4.2　双支付模式下最优价格决策

在双支付模式中，存在选择线上预付支付方式进行购物的消费者数量为 D_o，其中，对产品满意的消费者人群为 θD_o，对产品不满意并选择退货的消费者数量为 $(1-\theta)D_o$；存在货到付款的消费者数量为 D_d，其中，收到产品并验收满意的数量为 θD_d，因不满意而拒绝签收的数量为 $(1-\theta)D_d$。

因此，线上零售商的总利润 π_2 由两部分构成：线上预付方式下的利润 π_o 和货到付款方式下的利润 π_d。其表达式分别为

$$\pi_o = \underbrace{p_d\theta D_o}_{\text{销售收入}} + \underbrace{\xi p_d(1-\theta)D_o}_{\text{退货收入}} + \underbrace{p_d D_o rt}_{\text{时间价值}} - cD_o \tag{3-11}$$

$$\pi_d = \underbrace{p_d\theta D_d}_{\text{销售收入}} + \underbrace{(\xi-\lambda)p_d(1-\theta)D_d}_{\text{退货收入}} - cD_d \tag{3-12}$$

于是，可以得到双支付模式下线上零售商的利润表达式为

$$\pi_2 = p_d\theta D_o + \xi p_d(1-\theta)D_o + p_d D_o rt + p_d\theta D_d + (\xi-\lambda)p_d(1-\theta)D_d - c \tag{3-13}$$

定义 3.5　双支付模式下，线上零售商的均衡价格决策及相应利润如表 3-1 所示。

表 3-1　不同情形下线上企业均衡价格及利润

参数 α 范围		均衡价格	均衡利润
$\left(0, \dfrac{\theta vH}{B}\right]$	$\cap[2\bar{\beta}, +\infty)$ $\cup\left[4\bar{\beta}+\dfrac{2\bar{\beta}G}{K}, +\infty\right)\right]$	$\dfrac{\alpha-2\bar{\beta}}{H}$	$A\dfrac{\alpha-2\bar{\beta}}{H} - c$
	$\cap\left(0, \dfrac{2\bar{\beta}G}{K}\right)$	$\dfrac{\alpha}{H}$	$G\dfrac{\alpha}{H} - c$

续表

参数 α 范围		均衡价格	均衡利润
$\left(0,\dfrac{\theta vH}{B}\right]$	$\cap\left(\dfrac{2\bar{\beta}G}{K},4\bar{\beta}+\dfrac{2\bar{\beta}G}{K}\right)$	$\dfrac{\alpha}{2H}+\dfrac{G\bar{\beta}}{KH}$	$\dfrac{1}{2H}\left(\dfrac{\alpha}{2}\sqrt{\dfrac{K}{\bar{\beta}}}+G\sqrt{\dfrac{\bar{\beta}}{K}}\right)^2-c$
	其他	$\dfrac{\theta v-\alpha}{\theta(1+\sigma+\eta)}$	$G\dfrac{\theta v-\alpha}{\theta(1+\sigma+\eta)}-c$
$\left(\dfrac{\theta vH}{B},\dfrac{\theta vH}{B}+\dfrac{2\bar{\beta}\theta(1+\sigma+\eta)}{B}\right)$	$\cap(2\bar{\beta},+\infty)$	$\dfrac{\alpha-2\bar{\beta}}{H}$	$A\dfrac{\alpha-2\bar{\beta}}{H}-c$
	$\cap\left(0,\dfrac{2\theta Hv}{(H+B)}-\dfrac{2\theta\bar{\beta}G(1+\sigma+\eta)}{K(H+B)}\right)$ $\cap\left(0,4\bar{\beta}+\dfrac{2\bar{\beta}G}{K}\right)$	$\dfrac{\alpha}{2H}+\dfrac{G\bar{\beta}}{KH}$	$\dfrac{1}{2H}\left(\dfrac{\alpha}{2}\sqrt{\dfrac{K}{\bar{\beta}}}+G\sqrt{\dfrac{\bar{\beta}}{K}}\right)^2-c$
	$\cap\left(\dfrac{2\theta Hv}{(H+B)}-\dfrac{2\theta\bar{\beta}G(1+\sigma+\eta)}{K(H+B)},+\infty\right)$	$\dfrac{\theta v-\alpha}{\theta(1+\sigma+\eta)}$	$-\dfrac{KH}{2\bar{\beta}}\left[\dfrac{\theta v-\alpha}{\theta(1+\sigma+\eta)}\right]^2+\dfrac{K\alpha+2\bar{\beta}G}{2\bar{\beta}}\dfrac{\theta v-\alpha}{\theta(1+\sigma+\eta)}-c$
$\left(\dfrac{\theta vH+2\bar{\beta}\theta(1+\sigma+\eta)}{B},+\infty\right)$		$\dfrac{\theta v-2\bar{\beta}}{B}$	$A\dfrac{\theta v-2\bar{\beta}}{B}-c$

其中，$H=(1-\theta)(\sigma+\gamma)-\theta\eta$，$K=\lambda(1-\theta)+rt$，$G=\theta+(\xi-\lambda)(1-\theta)$，$G+K=A$，$H+\theta(1+\sigma+\eta)=B$。

证明：令 $G+K=A$，$G=\theta+(\xi-\lambda)(1-\theta)$，$K=\lambda(1-\theta)+rt$，$H=(1-\theta)(\sigma+\gamma)-\theta\eta$，$H+\theta(1+\sigma+\eta)=B$。则式（3-13）能够简化为 $\pi_2=Ap_dD_{do}+Gp_dD_{dd}-c$。

1. $0<\alpha\leqslant\dfrac{\theta vH}{B}$

①当 $\dfrac{\alpha}{H}\leqslant p_d\leqslant\dfrac{\theta v-\alpha}{\theta(1+\sigma+\eta)}$ 时，市场需求函数满足 $D_d=D_{dd}=1$，$D_{do}=0$。零售商利润函数为 $\pi_2=Gp_d-c$。因此，最优零售价格 $p_d^*=p_{dd}=\dfrac{\theta v-\alpha}{\theta(1+\sigma+\eta)}$，最优利润函数 $\pi_{dd}=G\dfrac{\theta v-\alpha}{\theta(1+\sigma+\eta)}-c$。②当 $\alpha>2\bar{\beta}$ 且 $\dfrac{\alpha-2\bar{\beta}}{H}<p_{d2}<\dfrac{\alpha}{H}$ 时，零售商利润函数 $\pi_2=Ap_d\dfrac{\alpha-Hp_d}{2\bar{\beta}}+Gp_d\dfrac{2\bar{\beta}-\alpha+Hp_d}{2\bar{\beta}}-c$，进一步化简能够得到 $\pi_2=\dfrac{1}{2\bar{\beta}}[(G-A)$

$Hp_d^2 + (2\bar{\beta} - \alpha)Gp_d + A\alpha p_d] - c$。对其求关于价格的一阶导数得到 $\dfrac{\partial \pi_2}{\partial p_d} = \dfrac{1}{2\bar{\beta}}[2(G-A)$

$Hp_d + (2\bar{\beta} - \alpha)G + A\alpha]$，由于利润函数关于价格的二阶导数 $\dfrac{\partial \pi_2^2}{\partial^2 p_d} = \dfrac{1}{\bar{\beta}}(G-A)$

$H < 0$，因此存在唯一的最优解使得利润函数值最大，即满足 $\dfrac{\partial \pi_2}{\partial p_d} = \dfrac{1}{2\bar{\beta}}[2(G-A)$

$Hp_d + (2\bar{\beta} - \alpha)G + A\alpha] = 0$，得到 $p_{d2} = \dfrac{\alpha}{2H} + \dfrac{G\bar{\beta}}{KH}$。令 $p_{d2} > \dfrac{\alpha - 2\bar{\beta}}{H}$，代入化简后得

到 $\alpha < 4\bar{\beta} + \dfrac{2\bar{\beta}G}{K}$；令 $p_{d2} < \dfrac{\alpha}{H}$，代入化简后得到 $\alpha > \dfrac{2\bar{\beta}G}{K}$。因此，$\max\left\{2\bar{\beta}, \dfrac{2\bar{\beta}G}{K}\right\} <$

$\alpha \leqslant \min\left\{\dfrac{\theta v H}{B}, 4\bar{\beta} + \dfrac{2\bar{\beta}G}{K}\right\}$。③当 $0 < \alpha < 2\bar{\beta}$ 且 $0 < p_{d2} < \dfrac{\alpha}{H}$ 时，最优零售价格为

$p_{d2} = \dfrac{\alpha}{2H} + \dfrac{G\bar{\beta}}{KH}$，令 $p_{d2} < \dfrac{\alpha}{H}$ 得到 $\alpha > \dfrac{2\bar{\beta}G}{K}$，即 $\dfrac{2\bar{\beta}G}{K} < \alpha \leqslant \min\left\{\dfrac{\theta v H}{B}, 2\bar{\beta}\right\}$。结

合②③情形，有 $\dfrac{2\bar{\beta}G}{K} < \alpha < \min\left\{\dfrac{\theta v H}{B}, 2\bar{\beta}\right\}$。④当 $\alpha > 2\bar{\beta}$ 且 $0 < p_{do} \leqslant \dfrac{\alpha - 2\bar{\beta}}{H}$ 时，

$D_d = D_{do} = 1$，零售商利润函数 $\pi_2 = Ap_{do}D_{do} - c$。因此，最优零售价格为 $p_{do} = \dfrac{\alpha - 2\bar{\beta}}{H}$，

最优利润函数为 $\pi_2 = A\dfrac{\alpha - 2\bar{\beta}}{H} - c$。

2. $\dfrac{\theta v H}{B} < \alpha < \dfrac{\theta v H + 2\bar{\beta}\theta(1+\sigma+\eta)}{B}$

①当 $\alpha > 2\bar{\beta}$ 且 $\dfrac{\alpha - 2\bar{\beta}}{H} < p_d < \dfrac{\theta v - \alpha}{\theta(1+\sigma+\eta)}$ 时，与情形 1 证明过程类似，能够得

到此时零售商的最优零售价格为 $p_{d2} = \dfrac{\alpha}{2H} + \dfrac{G\bar{\beta}}{KH}$。令 $p_{d2} < \dfrac{\theta v - \alpha}{\theta(1+\sigma+\eta)}$ 能够得到

$\alpha < \dfrac{2\theta KHv - 2\theta\bar{\beta}G(1+\sigma+\eta)}{K(H+B)}$，由前面证明可知，由 $p_d > \dfrac{\alpha - 2\bar{\beta}}{H}$ 得到 $\alpha < 4\bar{\beta} + \dfrac{2\bar{\beta}G}{K}$。

即 $\max\left\{2\bar{\beta}, \dfrac{\theta v H}{B}\right\} < \alpha < \min\left\{\dfrac{\theta v H + 2\bar{\beta}\theta(1+\sigma+\eta)}{B}, 4\bar{\beta} + \dfrac{2\bar{\beta}G}{K}, \dfrac{2\theta KHv - 2\theta\bar{\beta}G(1+\sigma+\eta)}{K(H+B)}\right\}$。

②当 $\alpha < 2\bar{\beta}$ 且 $0 < p_d < \dfrac{\theta v - \alpha}{\theta(1+\sigma+\eta)}$ 时，零售商的最优价格为 $p_{d2} = \dfrac{\alpha}{2H} + \dfrac{G\bar{\beta}}{KH}$，同

样得到 $\alpha < \dfrac{2\theta KHv - 2\theta\bar{\beta}G(1+\sigma+\eta)}{K(H+B)}$。因此，$\dfrac{\theta v H}{B} < \alpha < \min\left\{2\bar{\beta}, \dfrac{2\theta KHv - 2\theta\bar{\beta}G(1+\sigma+\eta)}{K(H+B)}\right\}$。

③当 $\alpha \geqslant 2\overline{\beta}$ 且 $0 < p_d \leqslant \dfrac{\alpha - 2\overline{\beta}}{H}$ 时，零售商最优零售价格满足 $p_{do} = \dfrac{\alpha - 2\overline{\beta}}{H}$ ，

对应的最优利润函数 $\pi_{do} = A\dfrac{\alpha - 2\overline{\beta}}{H} - c$ 。

$$3. \quad \alpha \geqslant \frac{\theta v H + 2\overline{\beta}\theta(1 + \sigma + \eta)}{B}$$

结合定义 3.2，得知：此时消费者均采用线上预付方式进行网购，因此，零售商最优零售价格为 $p_{do} = \dfrac{\theta v - 2\overline{\beta}}{B}$ ，对应的利润为 $\pi_{do} = A\dfrac{\theta v - 2\overline{\beta}}{B} - c$ 。

整合上述 1、2、3 情形，得到不同情形下零售商的最优零售价格和利润，如表 3-1 所示。证毕。

定义 3.5 展现了双支付模式中不同交易成本下线上零售商的均衡价格决策及利润，同时揭示出很多重要管理意义。首先，交易成本对于均衡解的确定非常重要。不同交易成本下，消费者的均衡策略可能不同。通常，可以利用交易成本来划分消费者群体。交易成本高代表时间成本高，多为高端顾客；相反，普通大众的交易成本就会略低一些。由此可见，高端顾客倾向于选择线上预付，如高级白领等；大众顾客则喜欢双支付模式，如普通工人、学生等；而低消费顾客，如退休工人、农民等则偏好货到付款。其次，线上零售商可以利用价格设计引导消费者从货到付款支付方式向线上预付支付方式过渡。网上支付的便利性、快捷性及低成本特性使得线上预付成为网上购物的最优搭配，而货到付款支付服务能够消除传统消费者对网上购物的各种担忧，培养消费者对网上购物的信任，有利于不断扩大网购消费市场。因此，货到付款支付服务是网上购物活动发展初期开拓市场的主要方法之一。

3.4.3　支付服务优化设计

定义 3.3 和定义 3.5 分别阐述了线上预付模式和双支付模式下，线上零售商的均衡价格决策和利润。根据定义 3.5 的相关结论，在双支付模式支付服务下，线上零售商首先判断消费者交易成本所属区间，继而求得均衡价格决策及均衡利润。若存在重合区间，则选择能够实现均衡利润最大化的价格决策。与网上支付模式下的均衡利润相比较（结合定义 3.3），则利润较大者对应的支付模式即为该情况下线上零售商的最优支付服务决策。

3.5　数值算例与分析

3.5.1　不同支付模式下线上零售商的均衡决策

为便于理解，本书引用一个数值算例加以说明。具体参数设置如下：$\theta = 0.5$，$v = 10$，$\gamma = 0.2$，$\beta = 1.5$，$\sigma = 0.1$，$\eta = 0.05$，$\xi = 0.6$，$\lambda = 0.1$，$r = 0.05$，$t = 6$，$c = 0$。根据上述数据能够得到：$A = 1.1$，$B = 0.7$，$G = 0.75$，$K = 0.35$，$H = 0.125$。结合定义 3.5，可以得到双支付模式中不同 α 值下有效均衡利润函数为

$$
\begin{cases}
\pi_{dd} = -1.3\alpha + 6.52, & \alpha \in (0, 0.89) \\
\pi_{d2} = -0.015(1.74\alpha - 8.7)^2 - (0.23\alpha + 1.5)(0.87\alpha - 4.35), & \alpha \in (0.89, 3.36) \\
\pi_{do} = 3.14, & \alpha \in (3.36, +\infty)
\end{cases}
$$

$$\text{（3-14）}$$

相应地，双支付模式下线上零售商的均衡价格决策为

$$
\begin{cases}
p_{dd} = -1.74\alpha + 8.7, & \alpha \in (0, 0.89) \\
p_{d2} = -1.74\alpha + 8.7, & \alpha \in (0.89, 3.36) \\
p_{do} = 2.86, & \alpha \in (3.36, +\infty)
\end{cases}
\qquad \text{（3-15）}
$$

同理，根据定义 3.3，得到线上预付模式中线上零售商的均衡价格决策为 $p_o^* = (\theta v - 2\bar{\beta}) / B = 2.86$，均衡利润为 $\pi_1^* = Ap_o - c = 3.14$。

上述结果如图 3-5 所示，根据图中价格和利润曲线，可以发现：①当货到付款支付方式下消费者的交易成本较低时，双支付模式有助于销售高价格商品，提高企业的利润水平。这种结果的出现，一方面是由于消费者网购过程中潜在的损失规避心理，商品价格越高，潜在损失越大，越需要安全的购物保障。货到付款支付方式恰好能够为消费者消除购物担忧，提高网购可信度，保证购物过程有效进行。另一方面，相比于线上预付，货到付款具备的安全保障特性无形中保证了甚至提升了商品的价值，使得线上零售商能够制定更高的价格。②从交易成本角度来看，面对大众化消费者（即交易成本趋于中间水平），线上零售商可以通过提供双支付模式支付服务以有效提高商品价格和利润。③当消费者交易成本较高时，双支付模式将失去存在意义，其价值与线上预付支付模式相同。因此，线上零售商应该细致分析消费者群体特征，设置最优支付服务模式与价格决策，实现精准营销，提高利润水平。

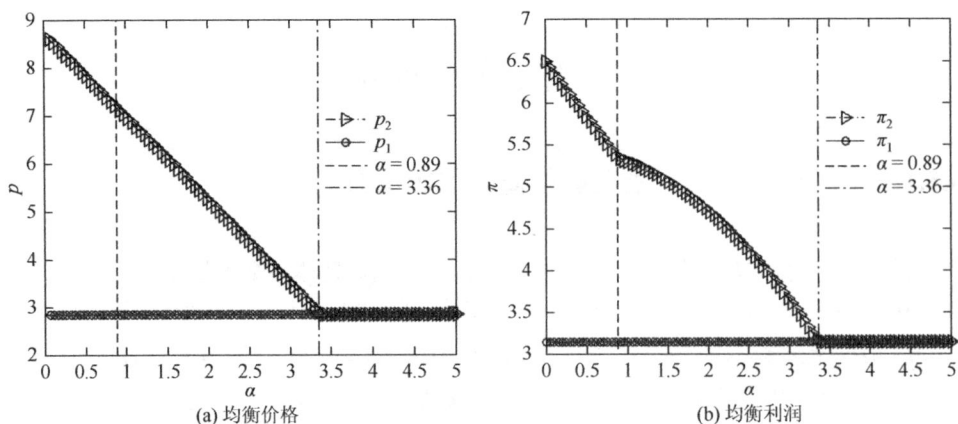

(a) 均衡价格　　　　　　　　　　　　　　　　(b) 均衡利润

图 3-5　不同支付模式下线上零售商均衡价格和利润分布图

3.5.2　支付模式转换

进一步分析交易成本 α、购买成本 β 及退货成本 γ 对线上零售商支付模式最优决策的影响。基于 3.4.1 节算例中的参数设置,令 $0 < \gamma < 1$,$\alpha > 0$。结合定义 3.3 和定义 3.5 的结论,得到 $\bar{\beta} = 0.5$ 及 $\bar{\beta} = 1$ 两种情况下的最优支付决策,如图 3-6 所示。

图 3-6 揭示出随着交易成本 α 的不断提高,最优支付模式从双支付模式向单一线上预付模式转换;随着退货成本 γ 的不断增加,最优支付模式从单一线上预付模式向双支付模式转换;随着购买成本 β 的增加,从线上预付模式向双支付模式转换的速度变快。这是因为,不同支付模式对消费者购物行为的影响主要包括两类:一是便利性,即订货、收货及退货过程的方便快捷程度;二是安全性,即消费者对网购交易过程中商品不确定、资金操作安全程度的感知。其中,交易成本、退货成本及购买成本均可作为便利性的评价指标,同时,购买成本也在一定程度上体现消费者对网购过程的安全度感知。由此可见,线上零售商可以通过调整消费者的上述三种成本以引导其选择能够实现利润最大化的支付模式。现实中,企业提供众多服务措施以引导在线消费者利用线上预付,例如,快捷支付服务有效提高了支付便利度,第三方支付平台的应用有助于缓解消费者对支付安全的担忧;退货险的诞生极大降低了顾客的退货成本,"嘿客"便利店的开张降低了消费者对商品的不确定度等。此外,明确消费者的成本构成,有利于线上零售商制定合理的支付服务决策,提高企业利润。例如,在新产品导入时期及新顾客引入时期,顾客对商品的不确定度极高或新顾客对网购交易过程极度不熟悉,导致消费者的购买成本及潜在退货成本较高,此时双支付模式能够提高网购便利性及安全性,改善消费者服务质量,扩大消费群体规模,提高利润,增强竞争力。

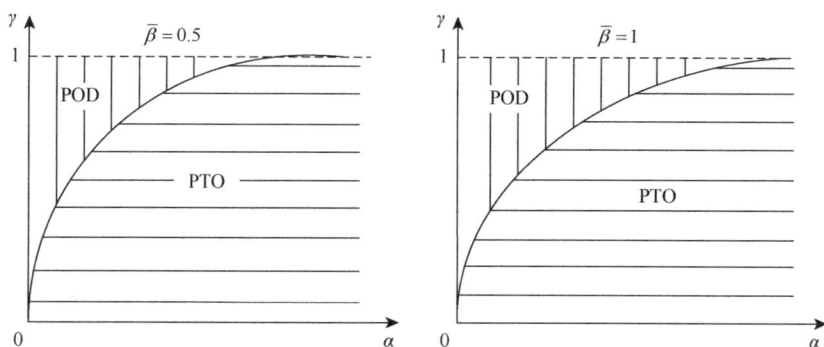

图 3-6　支付模式转移图

POD 表示货到付款（pay-on-delivery），PTO 表示线上预付（pay-to-order）

3.5.3　关键因素敏感性分析

分析关键因素对线上零售商利润的影响，结果如表 3-2 所示。根据分析结果，可以得到以下结论。

表 3-2　关键因素敏感性分析

利润		参数							
		θ	β	σ	η	ξ	λ	t	γ
双支付模式	$\pi_{dd} = G\dfrac{\theta v - \alpha}{\theta(1+\sigma+\eta)} - c$	↗	→	↘	↘	↗	↘	→	→
	$\pi_{do} = A\dfrac{\alpha - 2\bar{\beta}}{H} - c$	↗	↘	↘	↗	↗	→	↗	↘
	$\pi_{d2} = G\dfrac{\alpha}{H} - c$	↗	→	↘	↗	↗	↘	→	↘
	$\pi_{d2} = \dfrac{1}{2H}\left(\dfrac{\alpha}{2}\sqrt{\dfrac{K}{\bar{\beta}}} + G\sqrt{\dfrac{\bar{\beta}}{K}}\right)^2 - c$	↗	U	↘	↗	↗	↘	↘	↘
	$\pi_{d2} = -\dfrac{KH}{2\bar{\beta}}\left[\dfrac{\theta v - \alpha}{\theta(1+\sigma+\eta)}\right]^2 + \dfrac{K\alpha + 2\bar{\beta}G}{2\bar{\beta}}\dfrac{\theta v - \alpha}{\theta(1+\sigma+\eta)} - c$	↗	↘	↘	↘	↗	↘	↗	↘
	$\pi_{do} = A\dfrac{\theta v - 2\bar{\beta}}{B} - c$	↗	↘	↘	→	↗	→	↗	→
线上预付模式	$\pi_1^* = (Ap_o^* - c)(\theta v - Bp_o^*)/(2\bar{\beta})$	↗	↘	↘	↘	↗	↘	↗	↘
	$\pi_1^{*'} = Ap_o^{*'} - c$	↗	↘	↘	↘	↗	↘	↗	↘

（1）消费者对商品的喜爱度及商品残值率对线上零售商利润具有绝对的积极影响。网购交易中收货延迟的特性，使得消费者验货后才能得知所购商品是否满足自己的需求和偏好，因此，在下单之前让消费者充分了解商品特性，准确评估商品价值，有助于降低因盲目高估商品价值而造成的喜爱偏差。实践中，在线企业已经意识到该问题的重要性，并推出很多改善措施。例如，利用视频体验、flash动画、虚拟空间及产品360°全景展示等方式进行商品展示。商品高残值率表示退回商品可以经过简单再加工后进行二次销售，以降低因退货造成的利润下降。网购过程中因物流延迟、与描述不符、包装破损等非质量原因产生的退货现象比比皆是，因此，二次销售在网购过程中非常普遍。此外，退货二次销售有利于环保，具有重要生态意义。不过，高残值率意味着原商品具有较高的质量，这对制造企业提出了更高的要求。

（2）线上预付模式下，退货成本、交易成本及购买成本对线上零售商的利润具有绝对消极影响，配送周期对其具有绝对积极影响；双支付模式下，退货成本、交易成本、购买成本、配送周期及货到付款支付模式产生的额外附加费等，对线上零售商利润的影响都是不确定的。该结论提醒线上零售商在实施经营决策以调整上述因素时，应该同时考虑支付服务模式，这样才能制定出有效的策略。

（3）配送费用对线上零售商利润的消极影响是绝对的。一方面，配送费用直接增加了企业成本，降低了利润；另一方面，高额配送费用严重影响消费者的购物热情。《网购消费者点击背后的数据和习惯——消费者心理和网购支付》发现，约有59%的消费者在购买商品时会考虑邮费，甚至有44%的消费者会因为高额邮费而放弃购买。因此，电商企业纷纷建立物流体系，自主配送货物，有效降低配送成本，如京东商城、当当网等。此外，退货险的诞生很大程度上缓解了消费者对退货成本的担忧，大大提高了消费者的网购体验。

3.6　本章小结

随着"互联网+"行业的快速发展，网购逐渐替代传统实体店购物，日益成为人们生活中不可缺少的一部分。但是，对网购缺乏足够的信任，以及对网上操作不熟悉等因素，导致仍然约有30%的网民还未参与过网购。潜在的网购市场非常巨大，值得线上企业进行深度挖掘。支付行为，体现消费者对网购的信任度，直接关系着网购交易的成败。网购市场中现存的两类主要支付方式——线上预付方式和货到付款，能够从安全性、便利性等不同角度充分满足消费者的需求，有利于提高既有消费者黏性，并有助于进一步开拓市场。

结合具体实践，本章从支付角度出发，基于线上预付模式和双支付模式（线上预付结合货到付款），分别刻画网购消费者的购买行为和退货行为，描述消费者效用函数，推断市场需求函数；进一步构造线上零售商的利润函数，研究其最优支付服务模式及相应的均衡价格决策。研究发现：①商品价格是网购消费者选择支付服务模式的关键考虑因素，线上零售商可以通过价格设计引导消费者进行支付模式选择；②在设计支付服务模式时，应该考虑消费者的购买成本、交易成本及退货成本等，这些因素会引起消费者支付模式选择的改变；③消费者对商品的喜爱度及商品残值率对线上零售商利润具有绝对的积极影响，配送费用具有绝对的消极影响；④在设计支付服务模式时，线上企业应该考虑消费者群体特征及商品品类特性，实现精准营销。

总之，差异化支付服务提高了网购可信度，改善了消费者网购体验，通过最优化支付服务模式设计，增加了线上企业的利润。

第4章　不同支付方式下线上企业价格和库存决策分析

4.1　问　题　描　述

不同支付方式对消费者购物体验影响不同，导致消费者行为决策不同，实现的市场销售量也就不同，体现出支付服务通过消费者购物体验对线上企业的间接影响；不同支付方式运营成本不同，又会直接影响线上企业的经营决策。基于这种交叉的复杂影响，线上企业应该如何区别制定不同支付方式下的价格和库存决策，以实现其利润最大化呢？提供不同支付方式的最佳时机是怎样的呢？线上企业的价格、库存决策主要受哪些因素影响呢？本章将对此进行深入分析。

4.2　参数设置与研究假设

本书基于经典的报童模型，假设市场需求 X 是随机的，其分布函数和密度函数分别为 $F(x)$ 和 $f(x)$。不失一般性，假设 $f(x)$ 是连续、单调递增的，且满足 $f(0) > 0$。我们假设市场是由大量的无穷小的消费者组成的，每位消费者对商品价值的预测为 v。在线购买过程中消费者不能直接感受、接触商品，因此，对商品价值的估计是不确定的。为了反映这种异质性，令 v 独立地、统一地服从分布函数 G。定义函数 $\bar{F} \equiv 1 - F$，$\bar{G} \equiv 1 - G$。

结合国内网购过程中交易服务的现实状况，本书主要考虑两种情况。消费者在线购买商品，会面临两类线上零售商提供的不同支付服务：一种是单一支付方式，即仅提供线上预付；另一种是双支付模式，即同时提供线上预付和线下支付（货到付款）。消费者以实现自我效应最大化为原则，进行支付方式的选择。线上预付方式中，消费者网上下单时需要提前支付商品零售价格 p_o。经过配送周期 t，消费者收到货物并验货。如果对商品满意，则会留下商品；否则，他们将退回商品，支付退货费用 m，同时收回货款 p_o。货到付款方式下，消费者下订单时不需要支付任何费用。待经过配送期 t，消费者收到货物且满意时，需要支付商品价格 p_d 及服务附加费 n（因向消费者提供了相对线上预付方式更优质的服务）。若消费者对商品不满意，可以直接在收货、验货后拒绝收货，不需要支付任何费用。目前，拥有自营物流企业的电商平台，如京东商城、当当网等，一般不会收取该项服务附加费，而若选择宅急送、顺丰等物流公司进行配送时，则通常需要收取一定比例的服务费。也有很多线上零售商收取该项服务附加费，是为了促使消费者选择线上预付方式。

本书中假设线上零售商与消费者的单位物流配送费用相等，均为 m。对于消费者来说，由于存在运费险等优惠政策，其实际退货运费下降；对于企业来说，由于存在规模经济效益，其实际运费也低于标价。因此，可假设两者相等。

假设商品单位残值为 s，该商品包括季末未出售商品，以及被消费者退回的商品。实际中，未出售商品会产生储存成本，进入销售过程并被退回的商品会产生运输成本、人工成本等。当两类成本大小相当时，两类商品的残值即相等。令 $s<c$，c 为商品的单位生产成本或批发成本。

假设所有参与人都是理性的。

图 4-1 展示了具体的支付交易流程。表 4-1 列出了主要变量及其含义。

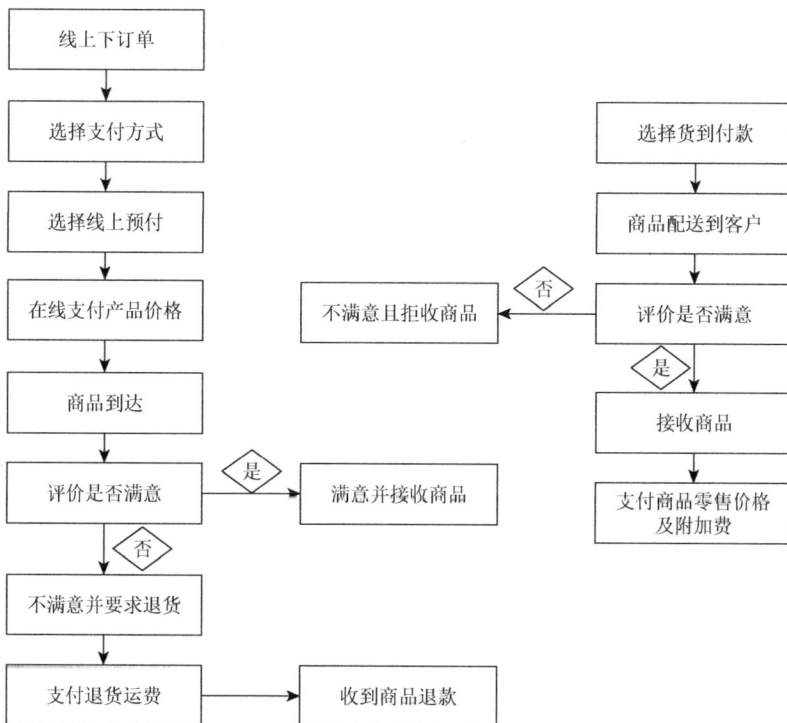

图 4-1　不同支付方式下网购交易流程分析

表4-1 主要变量及其定义

变量	定义
X	市场需求，随机变量
F	市场需求的分布函数，$f(x)/[1-F(x)]$ 随 x 单调递增，$\bar{F}=1-F$
f	市场需求的密度函数，连续的，单调递增的，其中 $f(0)>0$
v	商品的价值，随机变量
$E(v)$	商品价值的期望
G	价值的分布函数，$\bar{G}=1-G$
c	商品的单位生产成本
s	商品的单位残值，$s<c$
p	商品的单位价格，$p>c>s$
q	线上零售商的订货数量
m	商品的单位物流配送费用，假设零售商和消费者的物流费用相等
n	线下支付方式下的服务附加费
α	双支付模式下，选择线上预付方式的消费者由于等待产品配送而产生的单位负效应，$0<\alpha<1$
β	选择线下支付方式的消费者由于等待产品配送而产生的单位负效应，$0<\beta<1$
t	配送周期，$t>0$
ξ	支付方式（线上预付）对市场需求的影响因子，$0<\xi<1$
h	线下支付方式下线上零售商的麻烦成本

博弈过程分析：该项交易过程如下所述。第一阶段，线上零售商设置零售价格 p_i 和订货量 $q_i(i=o,d)$。第二阶段，实现市场需求 X，线上零售商销售量为 $\min(X,q_i)$；如果 $X>q_i$，则没有买到产品的消费者离开市场。第三阶段，已经买到商品的消费者评价其商品价值并且做出留下或退回商品的决策。第四阶段，线上零售商处理剩余商品，包括未出售及被退回两部分商品，获得商品残值。

4.3 消费者行为决策过程分析

在这种配置机制中，一个消费者的决策树包括了两个序贯决策：①线上确认订单时选择一种支付方式；②验货之后选择留下或者退回商品。线上消费者的贸易活动及净效应如表 4-2 所示。

表 4-2　线上消费者的贸易活动及净效应

支付种类	下订单时效应	配送时效应	收货时效应	
	提交订单	配送过程	保留货物	退回货物
线上预付	$-p$	$-\alpha t$	v	$p-m$
线下支付	0	$-\beta t$	$v-p-n$	0

贸易过程中，消费者追求实现自我剩余最大化。当消费者购买且留下商品时，消费者剩余为商品价值减去商品价格与时间成本之和，即 $v-p-\alpha t$（线上预付）和 $v-p-n-\beta t$（线下支付）；当消费者购买后选择退回商品时，若消费者之前选择了线上预付，则此时消费者剩余为退款减退货运费、时间成本与商品价格之和，即 $p-m-p-\alpha t$，若选择了线下支付，则为 $-\beta t$。

根据上述所述事件发展过程，首先描述消费者决策问题。应用理性预期均衡理论，即假设决策者预期与结果没有系统性的差异（Muth，1961）。考虑某特定消费者选择线上预付方式进行购物，此时，其期望剩余为

$$\max\{v-p-\alpha t, p-m-\alpha t-p\} \tag{4-1}$$

显然，当商品价值满足 $v-p-\alpha t \geqslant p-m-\alpha t-p$ 时，则消费者留下货物的期望效用大于退货的期望效用，消费者会选择留下货物，概率为 $l_{bo}=\bar{G}(p-m)$；当商品价值满足 $v-p-\alpha t < p-m-\alpha t-p$ 时，则会退回货物，概率为 $l_{to}=G(p-m)$。因此，线上预付方式下，消费者的最大支付意愿（称为保留价格）满足

$$r_o=v+m \tag{4-2}$$

同样地，如果消费者购买商品时选择货到付款，则期望剩余为

$$\max(v-p-n-\beta t, -\beta t) \tag{4-3}$$

因此，该消费者对商品价值评价满足 $v-p-n-\beta t \geqslant -\beta t$ 时，将选择留下货物，概率为 $l_{bc}=\bar{G}(p+n)$；否则，即满足 $v-p-n-\beta t < -\beta t$ 时将会选择退货，概率为 $l_{tc}=G(p+n)$。由此可得线下支付方式下，消费者对商品的保留价格为

$$r_c=v-n \tag{4-4}$$

接下来，分析线上零售商的决策问题。线上零售商需要确定订货量 q^* 及零售价格 p^*。假设线上零售商期望所有消费者对商品持有保留价格 r_o，给定这个信念，零售商将会选择零售价格满足 $p=r_o$，订货量满足 $q(p)=\arg\max\pi(q,p)$。

4.4　价格和库存决策分析

4.4.1　线上预付方式下最优价格和库存决策分析

在该种支付场景下，线上零售商只提供线上预付服务。通过理性预期均衡理论（Muth，1961；Su and Zhang，2008），能够得到定义 4.1，描述如下。

定义 4.1　理性预期均衡解 (p_o, q_o) 满足以下条件：①给定信念 $\tilde{l}_{bo}$、$\tilde{l}_{to}$，确定消费者保留价格 $r_o = v + m$；②给定信念 $\tilde{r}_o$，零售商制定价格 $p_o = \tilde{r}_o$；③给定信念 $\tilde{p}_o$，零售商确定订货量 $q_o = \arg\max \pi_o(q_o, \tilde{p}_o)$；④信念与均衡活动一致，即 $\tilde{l}_{bo} = l_{bo}$，$\tilde{l}_{to} = l_{to}$，$r_o = \tilde{r}_o$，$p_o = \tilde{p}_o$。

$\pi_o(q, p)$ 是线上预付方式下线上企业的利润，其函数表达式为

$$\pi_o(q, p) = \underbrace{p\overline{G}(p-m)E\min(\xi X, q)}_{①} + \underbrace{sG(p-m)E\min(\xi X, q)}_{②}$$
$$+ \underbrace{s[q - E\min(\xi X, q)]}_{③} + \underbrace{rtpE\min(\xi X, q)}_{④} - \underbrace{cq}_{⑤} - \underbrace{mE\min(\xi X, q)}_{⑥} \qquad (4\text{-}5)$$

$$\pi_o(q, p) = [(p-s)\overline{G}(p-m) - m]E\min(\xi X, q) - (c-s)q \qquad (4\text{-}6)$$

在定义 4.1 中，如上所述，条件①、②和③表明，给定信念 r_o，现实零售商和所有的消费者都会理性选择能够实现利润最大化的决策。最后一个条件要求信念与均衡活动保持一致，即线上零售商能够准确预测消费者的保留价格。

在式（4-5）中，第①项 $p\overline{G}(p-m)E\min(\xi X, q)$ 表示消费者购买并保留货物时给企业带来的收益，即销售收入；第②项 $sG(p-m)E\min(\xi X, q)$ 表示消费者退回商品所产生的残值；第③项 $s[q - E\min(\xi X, q)]$ 表示未出售商品所具有的残值；第④项表示企业利用消费者的预付货款进行再投资而产生的收益；第⑤项表示企业的采购成本；第⑥项表示商品销售过程中发生的运输费用。

此处，$\xi(0 < \xi < 1)$ 是线上预付方式中市场需求的影响因子，即当双支付模式下市场需求为 X 时，线上预付方式下市场需求为 ξX。该假设意味着双支付模式更加具有吸引力，能够吸引更多的消费者。这种假设是合理的。由于双支付模式能够同时满足线上预付和线下支付两类消费者的不同需求，如 Luo 等（2012），Chiejina 和 Soremekun（2014）也证实线下支付有助于增加市场需求，因此，双支付模式下市场需求增多。

命题 4.1　线上预付方式下，线上零售商的最优零售价格 (p_o) 和订货量 (q_o) 决策分别为

$$p_o = v + m, \quad \overline{F}\left(\frac{q_o}{\xi}\right) = \frac{c-s}{(v+m-s)\overline{G}(v)-m} \tag{4-7}$$

证明： 线上预付方式下，假定零售商期望所有的消费者具有一个保留价格，显然，这个保留价格即为线上零售商设置的零售价格（Muth, 1961; Su and Zhang, 2008）。通过定义 4.1，能够得到线上预付方式下消费者对商品的保留价格为 $r_o = v + m$，货到付款方式下消费者对商品的保留价格为 $p_o = v + m$。其中，商品价值为 v，配送费用为 m。由于线上零售商的订货量满足 $q = \arg\max \pi_o(q, p_o)$，因此，能够得到

$$q_o = \arg\max[[(p_o - s)\overline{G}(p_o - m) - m]E\min(\xi X, q) - (c-s)q]$$

$$= \arg\max\left\{[(p_o - s)\overline{G}(p_o - m) - m]\left[q - \xi\int_0^{q/\xi}F(x)\mathrm{d}x\right] - (c-s)q\right\}$$

对利润函数进行关于订货量的二次求导，能够得到关系式：

$$\partial\pi_o^2(q, p_o)/\partial q^2 = -[(v+m-s)\overline{G}(v)-m] < 0$$

又因一次求导函数满足 $\partial\pi_o(q, p_o)/\partial q = [(v+m-s)\overline{G}(v)-m][1-F(q_o/\xi)] - (c-s)$，因此，我们能够得到 $\overline{F}(q_o/\xi) = (c-s)/[(v+m-s)\overline{G}(v)-m]$。证毕。

命题 4.1 表明线上预付方式下，运费直接影响最终的零售价格。运费增加，则零售价格提高。此外，由于价格低廉是消费者选择网上购物的主要动机，如果运费较高，线上零售商应该降低订货量。该结论体现出网购经营活动中有效控制物流成本的重要性。现如今，中国排名第二（京东商城）和第三（唯品会）的 B2C 零售商都已经构建了自己的物流体系，以此有效控制物流运作成本。其他平台，如淘宝网和天猫商城平台上的众多商家，也都跟国内物流企业建立了长期的、稳定的合作关系，以保证降低物流费用。

命题 4.1 还显示出配送周期对线上零售商的价格、库存决策均没有影响。该结论看似与实际不符。事实上，在消费者制定购买决策时，配送时间对消费者效应产生消极的影响。然而，此处主要针对那些采用线上预付进行购买的消费者，他们的主要决策在于留下货物还是退回货物，而配送周期对消费者这两种决策制定时的效用的影响是均等的，因此可以忽略。

将命题 4.1 中的结果代入式（4-6），能够得到线上预付方式下零售商的最优利润为

$$\pi_o^* = [(v+m-s)\overline{G}(v)-m]\left(q_o - \xi\int_0^{q_o/\xi}F(x)\mathrm{d}x\right) - (c-s)q_o \tag{4-8}$$

4.4.2　双支付方式下最优价格和库存决策分析

当线上零售商只提供货到付款服务时，其利润函数模型（π_c）为

$$\pi_c(q,p) = \underbrace{(p+n)\overline{G}(p+n)E\min(X,q)}_{\text{销售收入}} + \underbrace{sG(p+n)E\min(X,q)}_{\text{退货收入}} + \underbrace{s[q-E\min(X,q)]}_{\text{剩余存货净值}}$$

$$- cq - \underbrace{[mE\min(X,q) + mG(p+n)E\min(X,q)]}_{\text{配送成本}} - \underbrace{hE\min(X,q)}_{\text{麻烦成本}}$$

$$= [(p+n-s)\overline{G}(p+n) - mG(p+n) - m - h]E\min(X,q) - (c-s)q$$

$$(4\text{-}9)$$

在式（4-9）中，能够观察到成功销售一件商品产生的收益为 $p+n$，出售给消费者的商品又被退回时产生单位残值 s，cq 是线上零售商的采购或生产成本。式（4-9）中第五项 $[mE\min(X,q) + mG(p+n)E\min(X,q)]$ 表示货到付款方式下的配送成本，线上零售商需要支付所有的配送费用，因此，与线上预付方式下的配送成本不同。最后一项称为麻烦成本，这是由于货到付款方式下，消费者收到货物后有权先验货，满意后再现金、刷卡或扫码支付，因此耗费快递服务人员更多的时间成本和操作成本。

我们再次强调，相较于线上预付模式，双支付模式下市场需求量更大。假设市场需求总量为 X，令 $O_{\text{prob}} \in [0,1]$ 作为双支付模式下选择线上预付方式的比例，则 $1 - O_{\text{prob}}$ 是选择货到付款的比例。由此得到，双支付模式下线上零售商的利润函数模型 (π_d) 为

$$\pi_d = \underbrace{((p-s)\overline{G}(p-m) - m)O_{\text{prob}}E\min(X,q)}_{\text{线上预付方式下销售收入}O}$$

$$+ \underbrace{[(p+n-s)\overline{G}(p+n) - mG(p+n) - m - h](1-O_{\text{prob}})E\min(X,q) - (c-s)q}_{\text{货到付款方式下销售收入}D}$$

$$(4\text{-}10)$$

接下来，考虑消费者在双支付模式下的不同支付选择，继续分析线上零售商的最优价格和库存决策，以实现其利润最大化。

从式（4-2）和式（4-4）可以得到，消费者在线上预付方式下的保留价格为 $r_o = v + m$，在货到付款方式下的保留价格为 $r_c = v - n$。很明显，能够得到 $r_c < r_o$。这就是说，如果线上零售商制定较高的零售价格，即比 r_c 大时，那么将不存在消费者选择货到付款支付方式。因此，得到双支付模式下消费者的保留价格为

$$r_d = v - n \qquad (4\text{-}11)$$

定义 4.2 理性预期均衡解 (p_d, q_d) 满足以下条件：①确定消费者的保留价格 $r_d = v - n$；②给定信念 ζ_d，制定零售价格 $p_d = \zeta_d$；③给定信念 $\tilde{p}_d$，确定订货量 $q_d = \arg\max \pi_d(q, \tilde{p}_d)$；④信念和均衡活动一致，$p_d = \tilde{p}_d$，$\zeta_d = r_d$。

条件①、②和③表明，给定信念 ζ_d，线上零售商和消费者都会选择能够实现个体利益最大化的行为决策。条件④揭示出线上零售商一定会准确预测消费者的保留价格，使得期望与结果相统一。定义 4.2 中的条件将会用来描述下面的均衡解。

命题 4.2　在双支付模式中，线上零售商的均衡零售价格 p_d 应该满足

$$p_d = v - n \tag{4-12}$$

证明： 如式（4-4）和式（4-11）所示，网购消费者在货到付款服务下愿意支付的最大价格为 $r_c = v - n$。通过定义 4.2，能够得到线上零售商双支付模式下的价格应该设置为 $p_c = v - n$。证毕。

从命题 4.2 可得，双支付模式下，选择线上预付方式时消费者购买货物的效用为 $U_o = v - p_d - \alpha t = n - \alpha t$，选择货到付款方式时的消费者效用为 $U_c = v - n - p_d - \beta t = -\beta t$。因此，双支付模式下，当满足 $U_o > U_c$ 时，消费者会选择线上预付；否则，就会选择货到付款方式。当 $U_o > U_c$ 时，可以得到

$$\alpha - \beta < \frac{n}{t} \tag{4-13}$$

令 $\gamma = \alpha - \beta$。假设 $\gamma \sim U[-\varepsilon, \varepsilon]$，分布函数为 Γ，且满足 $\overline{\Gamma} = 1 - \Gamma$。能够得到，双支付模式下，消费者选择线上预付方式的概率为

$$O_{\text{prob}} = \Gamma\left(\frac{n}{t}\right) = \frac{1}{2} + \frac{n}{2\varepsilon t} \tag{4-14}$$

消费者选择货到付款支付方式的概率为

$$1 - O_{\text{prob}} = \overline{\Gamma}\left(\frac{n}{t}\right) = \frac{1}{2} - \frac{n}{2\varepsilon t} \tag{4-15}$$

将概率 O_{prob} 和最优零售价格 (p_d) 代入式（4-10），能够得到双支付模式下最优订货量为 q_d 时，线上零售商的最优利润函数，如下所示：

$$
\begin{aligned}
\pi_d^* &= \left[A\left(\frac{1}{2} + \frac{n}{2\varepsilon t}\right) + (B - h)\left(\frac{1}{2} - \frac{n}{2\varepsilon t}\right)\right]\left[q_d - \int_0^{q_d} F(x)\mathrm{d}x\right] - (c - s)q_d \\
&= \left[\frac{A + B - h}{2} + \frac{n}{2\varepsilon t}(A - B + h)\right]\left[q_d - \int_0^{q_d} F(x)\mathrm{d}x\right] - (c - s)q_d
\end{aligned}
\tag{4-16}
$$

式中，$A = (v - n - s)\overline{G}(v - n - m) - m$，$B = (v + m - s)\overline{G}(v) - 2m$。注意到 A 和 $B - h$ 分别是双支付模式下线上零售商边际收入的两部分。边际收入是单位销售的增加或减少所引起的总收入的变化。特别地，A 正是线上预付部分对应的边际收入，$B - h$ 是双支付模式中货到付款部分对应的边际收入。

由此能够得到双支付模式下线上零售商的均衡订货量，如命题 4.3 所示。

命题 4.3　双支付模式中，线上零售商的均衡订货量 q_d 应该满足：

$$\overline{F}(q_d) = \frac{2(c - s)}{A + B - h + \dfrac{n}{\varepsilon t}(A - B + h)} \tag{4-17}$$

式中，$A = (v - n - s)\overline{G}(v - n - m) - m$，$B = (v + m - s)\overline{G}(v) - 2m$。

证明： 通过式（4-16），能够得到线上零售商的利润函数表达式为

$$\pi_d = \left[A\left(\frac{1}{2} + \frac{n}{2\varepsilon t} \right) + (B - h)\left(\frac{1}{2} - \frac{n}{2\varepsilon t} \right) \right]\left[q - \int_0^q F(x)\mathrm{d}x \right] - (c - s)q$$

$$= \left[\frac{A + B - h}{2} + \frac{n}{2\varepsilon t}(A - B + h) \right]\left[q - \int_0^q F(x)\mathrm{d}x \right] - (c - s)q$$

记 $\partial^2 \pi_d / \partial q^2 = -\left[\dfrac{A + B - h}{2} + \dfrac{n}{2\varepsilon t}(A - B + h) \right] f(q) < 0$。能够得到，$\pi_d$ 是关于订货量 q 的凹函数。因此，存在唯一的订货量 $q_d > 0$，使得线上零售商的利润 π_d 在 $q \in (0, q_d)$ 时随着其增加而增加，在 $q \in (q_d, +\infty)$ 时随着其减少而减少。由于 $\partial \pi_d / \partial q \big|_{q=q_d} = \left[\dfrac{A + B - h}{2} + \dfrac{n}{2\varepsilon t}(A - B + h) \right][1 - F(q)] - (c - s) = 0$，因此，能够得到双支付模式下最优订货量满足 $\overline{F}(q_d) = \dfrac{2(c - s)}{A + B - h + \dfrac{n}{\varepsilon t}(A - B + h)}$。证毕。

由命题 4.3 能够得到，随着边际收入 A 和 $B - h$ 的提高，线上零售商的最优订货量不断增加。通过提高两种方式下的边际收入，线上零售商能够获得更多的总利润。降低物流费用 m 是提高边际收入的有效方式之一。如命题 4.1 所阐述，线上零售商必须有效控制物流成本。此外，当 $A > B - h$，即双支付模式下线上预付方式对应的边际收入偏高时，配送周期对最优订货量有直接的消极影响。主要原因在于：配送周期越长，消费者对两种支付方式（线上预付和线下支付）的配送周期的差异 εt 越敏感，导致选择线上预付方式的消费者将变少，双支付模式下线上零售商的平均边际收入将会降低。因此，线上零售商会降低订货量。进一步地，当 $A < B - h$ 时，配送周期积极影响线上零售商的订货量。这是因为，如果配送周期变长，则更多的消费者会选择货到付款方式，这样将会降低双支付模式下线上零售商的平均边际利润，导致其增加订货量以提高利润。该结论提醒线上零售商，当双支付模式下线上预付和货到付款产生的边际收入不同时，在最优订货量决策过程中，配送周期可能起着完全相反的作用。

4.4.3　不同支付方式下线上零售商绩效比较

命题 4.4　线上预付方式下的零售价格高于双支付模式下的零售价格，即 $p_o > p_d$。

证明： 由上文能够得知线上预付方式和双支付模式下线上零售商的零售价格分别为 $p_o = v + m$ 和 $p_d = v - n$，因此，容易得到 $p_o > p_d$。证毕。

命题 4.4 中结论主要是因为线上预付方式下零售价格高于货到付款方式下的零售价格。该结论看似不合常理，事实上，也是很容易理解的。消费者选择货到付

款方式通常是由于网购交易较高的不确定性。对购买过程的感知不确定，会引起对整个交易的焦虑，而且这种焦虑会随着不确定性的增加而逐步加深（Luo et al., 2012）。根据前景理论，个体是损失规避的（Kahneman and Tversky, 1979），因此，感知不确定性越高的消费者的支付意愿越低，即选择货到付款方式的消费者通常更加难以接受更高的价格。

接下来，继续分析线上预付方式和双支付模式下，线上零售商的最优订货量及最优利润。根据命题 4.1 和命题 4.3，能得到 $\overline{F}\left(\dfrac{q_o}{\xi}\right)/\overline{F}(q_d)>1$，此时需要满足：

$$(A-B+h)\left(1+\frac{n}{\varepsilon t}\right)>2(m+h) \tag{4-18}$$

因此，当 $A-B+h\leqslant 0$ 时，不存在正的配送周期 t 使得式（4-18）成立，也就是说，$\overline{F}\left(\dfrac{q_o}{\xi}\right)<\overline{F}(q_d)$；当 $A-B+h>0$ 时，式（4-18）可以表示为

$$t<\frac{n}{\varepsilon}\frac{(A-B+h)}{[2(m+h)-(A-B+h)]} \tag{4-19}$$

记 $t^*=\dfrac{n}{\varepsilon}\dfrac{(A-B+h)}{[2(m+h)-(A-B+h)]}$。通过式（4-19），能够得到当满足 $2(m+h)\leqslant$ $(A-B+h)$ 时，$(A+B-h)/2\geqslant B+m$，进一步，能够得到 $\dfrac{A+B-h}{2}+\dfrac{n}{2\varepsilon t}(A-B+h)>$ $B+m$。将式（4-7）和式（4-17）合并，能够得到 $\overline{F}\left(\dfrac{q_o}{\xi}\right)>\overline{F}(q_d)$。如果 $2(m+h)>$ $(A-B+h)$，那么，能够得到 $t^*>0$，并且满足

$$\begin{cases}\overline{F}\left(\dfrac{q_o}{\xi}\right)>\overline{F}(q_d), & t<t^*\\[2mm]\overline{F}\left(\dfrac{q_o}{\xi}\right)=\overline{F}(q_d), & t=t^*\\[2mm]\overline{F}\left(\dfrac{q_o}{\xi}\right)<\overline{F}(q_d), & t>t^*\end{cases} \tag{4-20}$$

定义 $Q=q_o/\xi$。根据式（4-8），线上预付方式下线上零售商的最优利润也可以表示为

$$\begin{aligned}\pi_o^*&=\xi\left[((v+m-s)\overline{G}(v)-m)\left(Q-\int_0^Q F(x)\mathrm{d}x\right)-(c-s)Q\right]\\&=\xi\left[(B+m)\left(Q-\int_0^Q F(x)\mathrm{d}x\right)-(c-s)Q\right]\end{aligned} \tag{4-21}$$

基于以上分析，比较分析两类支付方式下线上零售商的绩效水平，如命题 4.5 所述。

命题 4.5　存在唯一的临界值 $t^* = \dfrac{n}{\varepsilon} \dfrac{(A-B+h)}{[2(m+h)-(A-B+h)]}$ 和 $\xi_{od}(0<\xi_{od}<1)$，使得当满足 $A \leqslant B-h$ 时，有

$$\begin{cases} q_d < q_o/\xi \\ \begin{cases} \pi_d^* > \pi_o^*, \xi \in (0,\xi_{od}) \\ \pi_d^* = \xi_{od}\pi_o^*, \xi = \xi_{od} \\ \pi_d^* < \pi_o^*, \xi \in (\xi_{od},1) \end{cases} \end{cases} \tag{4-22}$$

当满足 $A > B-h$ 时，有

$$\begin{cases} \begin{cases} q_d < q_o/\xi \\ \begin{cases} \pi_d^* > \pi_o^*, \xi \in [0,\xi_{od}) \\ \pi_d^* = \xi_{od}\pi_o^*, \xi = \xi_{od} \\ \pi_d^* < \pi_o^*, \xi \in (\xi_{od},1] \end{cases} \end{cases}, \quad t > t^* > 0 \\ \begin{cases} q_d = q_o/\xi \\ \pi_d^* = \pi_o^*/\xi \end{cases}, \quad t = t^* > 0 \\ \begin{cases} q_d > q_o/\xi > q_o \\ \pi_d^* > \pi_o^* \end{cases}, \quad 0 < t < t^* \end{cases} \tag{4-23}$$

成立。

证明：零售商利润函数满足 $\pi_d^* = \pi_d(p_d,q_d)$，$\pi_o^* = \pi_o(p_o,q_o)$，因此，线上预付和双支付两类模式下线上零售商的利润函数表达式可以表示为

$$\pi_o^* = \xi\left\{[(v+m-s)\overline{G}(v)-m]\left[Q-\int_0^Q F(x)\mathrm{d}x\right]-(c-s)Q\right\}$$

$$= \xi\left\{(B+m)\left[Q-\int_0^Q F(x)\mathrm{d}x\right]-(c-s)Q\right\}$$

及

$$\pi_d^* = \left[\frac{A+B-h}{2}+\frac{n}{2\varepsilon t}(A-B+h)\right]\left[q_d-\int_0^{q_d} F(x)\mathrm{d}x\right]-(c-s)q_d$$

式中，$Q = q_o/\xi$。

因此，将两类支付模式下线上零售商的利润进行比较，得到

$$\pi_o^* - \pi_d^* = \pi_o^* = \xi\left\{(B+m)\left[Q-\int_0^Q F(x)\mathrm{d}x\right]-(c-s)Q\right\}-K\left[q_d-\int_0^{q_d} F(x)\mathrm{d}x\right]+(c-s)q_d$$

式中，$Q = q_o / \xi$。

根据命题 4.4 的陈述，能够得到，如果 $A - B + h \leqslant 0$，那么 $\overline{F}\left(\dfrac{q_o}{\xi}\right) < \overline{F}(q_d)$；

否则，满足

$$\begin{cases} \overline{F}\left(\dfrac{q_o}{\xi}\right) > \overline{F}(q_d), t < t^* \\[2mm] \overline{F}\left(\dfrac{q_o}{\xi}\right) = \overline{F}(q_d), t = t^* \\[2mm] \overline{F}\left(\dfrac{q_o}{\xi}\right) < \overline{F}(q_d), t > t^* \end{cases}$$

情况（1）：$A - B + h \leqslant 0$。

由于 $A - B + h \leqslant 0$，我们能够得到 $A \leqslant B - h < B + m$，进而能得到 $\dfrac{A + B - h}{2} < B + m$，进一步得到 $\dfrac{A + B - h}{2} + \dfrac{n}{2\varepsilon t}(A - B + h) < B + m$。这意味着，该种情况下双支付模式下的边际收入比线上预付方式下的更小。

该情况下，还能得到 $\overline{F}(Q) < \overline{F}(q_d)$，由此得到订货量满足 $Q > q_d$。

当 $\xi = 1$ 时，线上预付方式下零售商的最优利润为 $\pi_o^* = (B + m)\left[Q - \displaystyle\int_0^Q F(x)\mathrm{d}x\right] -$

$(c - s)Q$，而且满足 $\pi_o^* > (B + m)\left[q_d - \displaystyle\int_0^{q_d} F(x)\mathrm{d}x\right] - (c - s)q_d > \left[\dfrac{A + B - h}{2} + \right.$

$\left. \dfrac{n}{2\varepsilon t}(A - B + h)\right]\left[q_d - \displaystyle\int_0^{q_d} F(x)\mathrm{d}x\right] - (c - s)q_d$，也就是说，$\pi_o^* > \pi_d^*$。当 $\xi = 0$ 时，能够

得到 $\pi_o^* = 0 < \pi_d^*$。定义函数 $\Phi(\xi) = \pi_o^* - \pi_d^*$，那么，存在唯一的 $\xi_{od} \in (0,1)$ 使得 $\Phi(\xi) = \pi_o^* - \pi_d^* < 0$ 当 $\xi \in [0, \xi_{od})$ 时成立；当 $\xi = \xi_{od}$ 时，$\Phi(\xi) = \pi_o^* - \pi_d^* = 0$；当 $\xi \in (\xi_{od}, 1]$ 时，$\Phi(\xi) = \pi_o^* - \pi_d^* > 0$。

情况（2）：$A - B + h > 0$。

这种情况下，当满足 $A - B + h < 2(m + h)$ 时，$t^* > 0$。也就是，$\dfrac{A + B - h}{2} < B + m$。

基于命题 4.5 的分析，能够得到当满足 $t < t^*$ 时，$\overline{F}\left(\dfrac{q_o}{\xi}\right) > \overline{F}(q_d)$ 成立。这就表示着

$\dfrac{A + B - h}{2} + \dfrac{n}{2\varepsilon t}(A - B + h) > B + m$ 和 $Q < q_d$。因此，能够得到

$$\pi_d^* = \left[\dfrac{A + B - h}{2} + \dfrac{n}{2\varepsilon t}(A - B + h)\right]\left[q_d - \displaystyle\int_0^{q_d} F(x)\mathrm{d}x\right] - (c - s)q_d$$

$$> \left[\frac{A+B-h}{2} + \frac{n}{2\varepsilon t}(A-B+h) \right] \left[Q - \int_0^Q F(x)\mathrm{d}x \right] - (c-s)Q$$

$$> (B+m) \left[Q - \int_0^Q F(x)\mathrm{d}x \right] - (c-s)Q = \pi_o^* / \xi$$

$0 < \xi < 1$，因此，很明显地能够得到 $q_d > q_o$ 及 $\pi_d^* > \pi_o^*$。

与 $t < t^*$ 情形下的证明过程相似，当满足 $t = t^*$ 时，存在 $q_d = q_o / \xi$ 及 $\pi_d^* = \pi_o^* / \xi$。

当 $t > t^*$ 时，根据上述分析，能够得到 $\bar{F}(q_o / \xi) < \bar{F}(q_d)$。证明过程跟情况（1）相似，因此此处省略。证毕。

命题 4.5 对比展示了线上预付和双支付模式下线上零售商的最优库存和利润绩效。能够发现，比较结果与双支付模式下线上零售商的边际收入组成部分（A 和 $B-h$）相关，同时，在一定情形下还会受配送周期 t 的影响。特别是，当双支付模式中线上预付部分产生的边际收入少于货到付款部分产生的边际收入时，即 $A \leqslant B-h$，比较结果只与线上预付基础上提供货到付款（即提供双支付方式）引起的需求变化参数 ξ 相关。只有当双支付方式对需求产生强烈的、积极的影响时，即 ξ 非常小，$1-\xi$ 非常大时，双支付方式才完全优于线上预付方式；否则，线上预付方式更优。这是因为线上零售商的边际收入在双支付方式下比线上预付方式下小 [由于 $A \leqslant B-h < B+m$，得到 $(A+B-h)/2 < B+m$，其中 $B+m$ 是线上预付方式下线上零售商的边际收入]，因此，只有当双支付方式下市场需求增加足够多时，线上零售商才能获得更多利润。这意味着，如果消费者对货到付款服务比较在意时，线上零售商应该提供双支付方式。在国内，消费者线上购物产生的风险感知主要缘自产品质量不确定、个人信息易泄露及线上交易不安全等（Michael et al.，2014）。Liu 等（2008）指出 B2C 线上零售商应该为其消费者提供能够保障消费者个人隐私和财产安全的支付方式。货到付款方式能够有效地保护消费者的银行信息免于泄露，同时"一手交钱一手交货"能够消除产品风险。因此，双支付方式对网购市场中需求的增加起着无可置疑的积极作用。双支付方式的提供还有助于移动电子商务的发展。影响消费者使用移动电子商务的因素中，占比最大的当属支付安全及产品信息真实性两部分（Francisco et al.，2015）。货到付款允许消费者收到货物后再付款，有助于消除消费者的此类担忧，最终增加市场需求。同样地，双支付方式也适合面向新消费者及发布新产品时使用。

命题 4.5 还指出两种支付方式下线上零售商的库存和利润比较结果不仅受市场需求变化的影响，当双支付方式下线上预付部分产生的边际收入高于货到付款时（即 $A > B-h$），也受配送周期的影响。当配送周期较短时，双支付方式比线上预付方式更优，同时，双支付方式下订货量也逐渐增多。这个结论提醒线上零售商，如果要为消费者提供双支付方式，则应尽力提高配送效率。事实上，实际情况也是如此。例如，双支付方式是京东商城的标志性服务之一，随着京东自营物流系统的构建，其服务质量尤其是配送效率也变得越来越高。通过这样的方式，京东商城收入增长量居世界前列，迅速成为国内第二大 B2C 购物平台。随着电子商务的快速发展，对配送效率的要求越来越高。因此，线上零售商应该尽最大努力缩短配送周期，如构建自己的物流配送系统，与第三方物流配送公司建立长期稳定的合作关系，在国内重要城市网点布置仓储中心等。配送效率提高后，双支付方式将会变得更受欢迎，标志着双支付方式未来将会有广阔的应用空间。

4.5　数值算例分析

本节引入算例以直观展示上述研究结果，尤其将分析关键因素对线上零售商库存和利润的影响。改变参数值，进行敏感性分析，具体如图 4-2～图 4-9 所示。

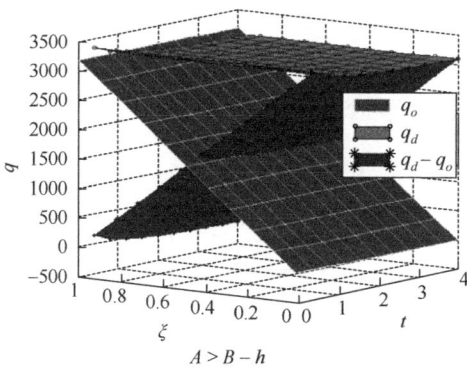

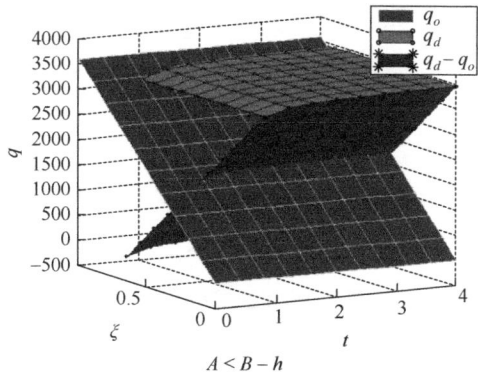

图 4-2　变量 t 和 ξ 对订货量的影响（$A>B-h$）　图 4-3　变量 t 和 ξ 对订货量的影响（$A<B-h$）

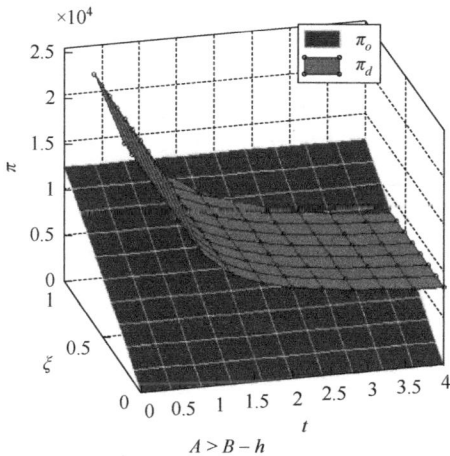

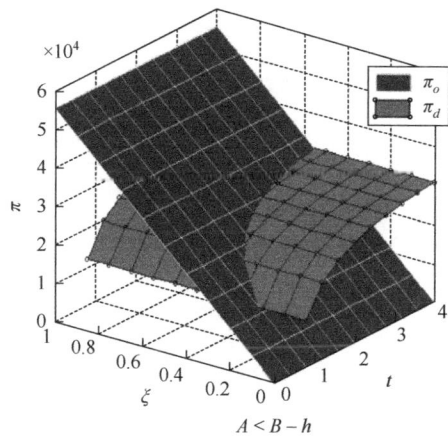

图 4-4　变量 t 和 ξ 对利润的影响（$A>B-h$）　图 4-5　变量 t 和 ξ 对利润的影响（$A<B-h$）

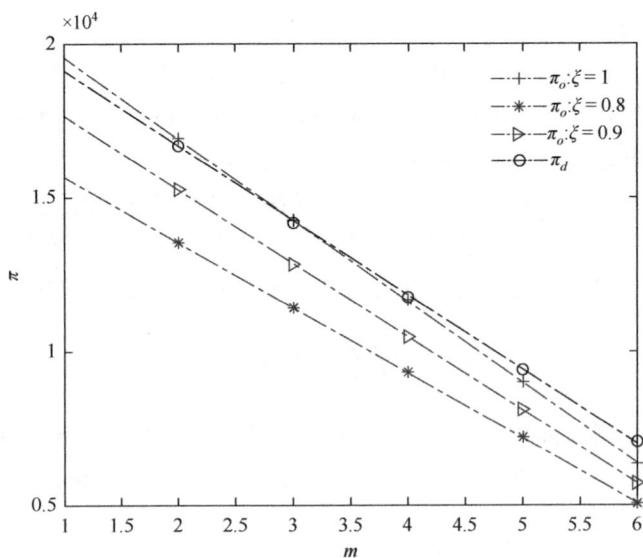

图 4-6　参数 m 对利润 π 的影响

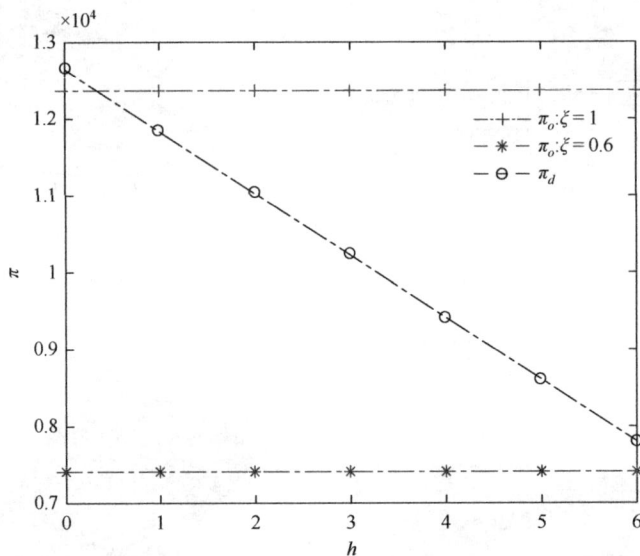

图 4-7　参数 h 对利润 π 的影响

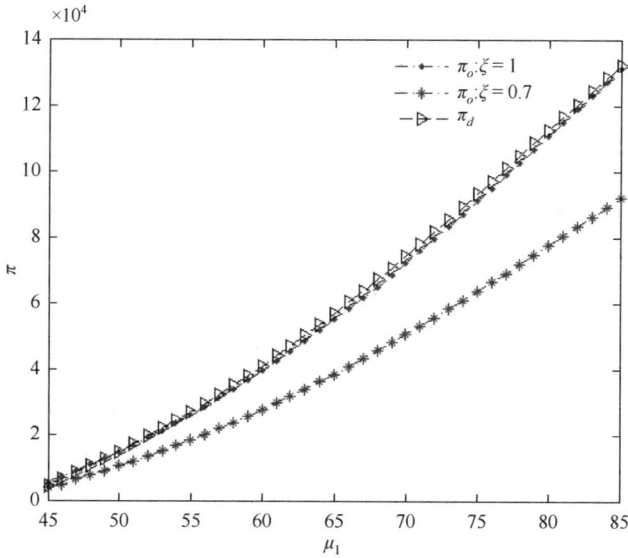

图 4-8　参数 μ_1 对利润 π 的影响

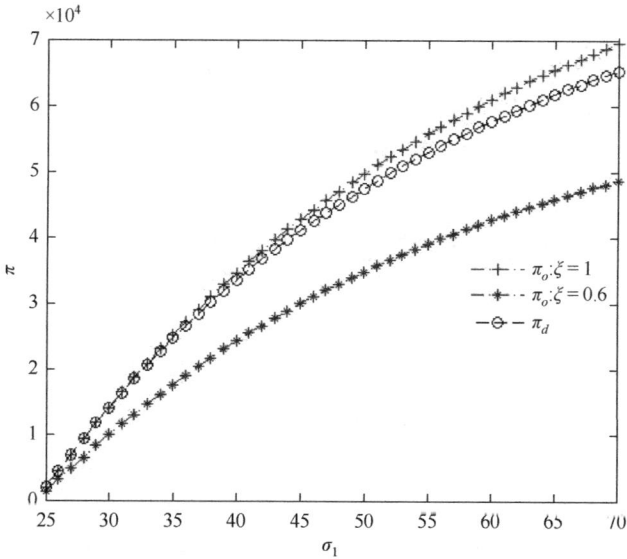

图 4-9　参数 σ_1 对利润 π 的影响

参数设置：单位生产成本 $c=10$，单位残值 $s=8$，线下支付方式下的服务附加费 $n=0.1$，两种支付方式下时间差异敏感系数 $\varepsilon=0.2$。市场需求服从正态分布函数 $N(3000,500)$。这些数据在下列算例中保持不变。其他参数设置详见表 4-3。

表 4-3　参数设置

图号	n	m	h	t	ξ	μ_1	σ_1
图 4-2	0.1	4	1	0:4	0:1	50	30
图 4-3	7	4	1	0:4	0:1	50	30
图 4-4	0.1	4	1	0:4	0:1	50	30
图 4-5	7	4	1	0:4	0:1	50	30
图 4-6	0.1	4:6	1	1.06	0.8, 0.9, 1	50	30
图 4-7	0.1	3	0:6	1.06	0.6, 1	50	30
图 4-8	0.1	3	1	1.06	0.7, 1	45:85	30
图 4-9	0.1	3	1	1.06	0.6, 1	50	25:70

注：表中数字组合 $i:j$ 形式表示数值从 $i \sim j$ 变化，数字组合 i,j 表示数值 i 和数值 j

4.5.1　数值算例 1

在数值算例 1 中主要分析配送周期 t 与市场需求影响因子 ξ 对线上零售商绩效的影响。

选择配送周期 t 从 0 到 4 逐渐变长，步长为 1。线上预付方式对市场需求的影响因子 ξ 从 0 到 1 逐步变化。消费者对商品价值的评价 v 服从正态分布函数 $N(\mu_1, \sigma_1)$，其中，$\mu_1 = 50$，$\sigma_1 = 30$。通过命题 4.2 和命题 4.3，能够得到临界值，如表 4-4 所示。敏感性分析展示见图 4-2～图 4-5。

表 4-4　不同参数的临界值

n	A	B	$A-(B-h)$	t^*
0.1	7.65	1.86	6.79	1.06
7	12.14	13.44	−0.30	—

注：$t^* = \dfrac{n}{\varepsilon} \dfrac{(A-B+h)}{[2(m+h)-(A-B+h)]}$

图 4-2～图 4-5 展示的结果与命题 4.5 相一致。当 $n=0.1$ 时，能够得到 $A > B - h$。在这种情况下，线上零售商的库存和利润绩效见图 4-2～图 4-4。发现当 $t < t^*$ 时，双支付方式下线上零售商的库存水平和利润水平均高于线上预付方式；当 $t = t^*$ 时，两种支付方式下的库存和利润水平相等；当 $t > t^*$ 时，这项比较结果还会受到市场需求影响因子 ξ 的影响。当 $n=7$ 时，能够得到 $A < B - h$。此种情况下，发现两种支付方式下的比较结果同时受配送周期和市场需求影响因子的影响。

如图 4-4 所示，当 $A > B - h$ 时，若市场需求影响因子 ξ 足够大且配送周期 t 不是很小，则双支付方式下线上零售商的利润比线上预付方式下低。该结果意味着如果双支付方式对市场需求的影响有限时，则没有必要推出货到付款支付方式。特别是那些具有显著数字属性的产品，利用线上介绍即可了解其价值，消费者担忧甚微。销售此类商品时仅提供线上预付服务即可。如果配送周期较长，消费者将会选择货到付款方式，而这种情形下线上预付的边际收入比货到付款高，因此使得线上零售商的利润降低。这说明，如果不能有效控制配送周期，则不适合推出双支付模式。

当满足 $A < B - h$ 时，两类支付服务下线上零售商的绩效评价主要依赖于市场需求影响因子 ξ（从图 4-5 中可以看出）。该结论说明线上零售商提供双支付方式的关键在于其能够有效刺激市场需求。因此，当潜在市场需求足够大，尤其当消费者对线上交易的安全性比较不确定时，双支付方式是更优的支付服务设计。实践中，货到付款方式能够作为有效的市场营销工具用来开发特定市场，如农村电子商务、新产品的上市推销，以及体验型或高价值型产品的销售等。相反，当线上零售商拥有比较稳定的消费者群时，单纯提供线上预付方式即可，如淘宝商城上的诸多卖家。

4.5.2　数值算例 2

在该数值算例中，主要展示模型中一些关键参数对线上零售商利润 π 影响的敏感性分析。

通过图 4-6～图 4-9，能够得到以下结论。

（1）图 4-6 能够得到，线上预付和双支付模式下，配送费用 m 对线上零售商的利润都具有完全消极的影响。该结论提醒线上零售商应该有效控制物流运输成本。此外，还有一个比较有趣的发现，即当配送费用足够大时，这种消极影响在线上预付方式下比双支付模式下更加强烈。原因主要在于线上预付方式下配送费用直接影响零售价格。因此，如果不能有效控制物流配送费用，获得一个较低的配送成本，则线上零售商将会考虑提供双支付模式。该发现有助于现实实践中双支付模式的进一步扩展应用。

（2）双支付模式场景中，线下支付方式下零售商的麻烦成本 h 也起着重要的作用。由图 4-7 能够发现，该麻烦成本将对线上零售商的利润产生消极影响。如果麻烦成本较高，则货到付款服务将失去其固有诱惑力。为了解决这个问题，线上零售商纷纷设立各种线下体检店或样品间，以此让消费者更好地了解欲购买商品的真实价值。在国内，存在大量这样的体验店，如小米手机体验店、顺丰快递的"嘿客"体验店、三只松鼠线下品尝店、天猫商城中众多服饰类品牌的线下体验店等。

（3）消费者对商品价值评价的平均值 μ_1 也很重要。它体现出大众对商品价值的综合评价。从图 4-8 能够看出，随着消费者对商品价值评价平均值的扩大，线上零售商的利润不断增加。该结论意味着线上零售商应该尽力提高大众对商品价值的评价，如提高产品质量和服务质量等。Albert 等（2014）发现消费者对商品价值的感知很重要，可以通过对其进行潜在管理以引导积极的购买行为。

（4）如图 4-9 所示，消费者对产品价值的评价越多样化，则线上零售商的利润 π 越高。相对于那些价值因人而异的产品，价值比较统一和确定的商品对线上零售商更加不利。这是因为随着消费者对商品价值评价的多样化，消费者退回商品的概率将会变小。因此，线上零售商更加偏好销售体验型商品，而非搜索型商品。服饰类一直是电子商务中销量最大的品类。

4.6　本 章 小 结

本章的研究内容在理论层面和实践层面都具有诸多贡献。以消费者需求为导向，本章内容填充了基于支付方式视角进行消费者行为和运营管理研究的空白。对不同支付方式下的消费者行为及消费者行为与支付方式对线上零售商利润的共同影响过程进行了模型构建与分析。双支付模式下线上零售商提供两种支付方式，因此，通常认为其零售价格相对于线上预付模式时高。然而，有趣的是，双支付模式下线上零售商制定的零售价格更低。这主要是因为双支付模式下因存在货到付款支付服务而参与网购的消费者通常都是风险规避型的，他们认为网购交易充满了不确定。为了进一步规避风险，他们会选择减少付出，即支付更低的价格。相反地，如果零售价格较高使得消费者发现商品价值低于零售价格时，他们就会选择退货，毕竟，货到付款模式下退货基本零成本。

通过本章的研究，还发现线上预付和双支付模式下线上零售商利润绩效的比较结果主要取决于边际收入和潜在市场需求增长情况，在某些特定情况下还会受配送时间的影响。在进行支付方式设计时，线上零售商应该考虑商品特性和市场类型。不过，只要双支付模式能够增加消费者对网购交易的信任，有效刺激需求，那么，它就是完全受偏爱的。这就是说，当存在大量因对网购交易不信任而在网购面前止步不前的消费者时，线上零售商就应该提供双支付模式。该发现为双支付模式的实践应用提供了理论指导。

实践中，双支付模式对于提高产品及整个交易过程的可靠性是非常必要的。在移动电子商务交易中，消费者由于对在线支付的安全担忧及对商品价值的不确定而放弃网购的概率分别为 40.5% 和 38.5%。如果同时推出货到付款服务，那么，移动网购用户就可以在收到货物、检查并满意后再付款，这样就能大大扩大移动网购市场。由此可见，可以利用货到付款方式作为刺激移动电子商务快速发展的有力工具。

双支付模式在农村网购市场中的应用空间也是巨大的。随着国家惠农政策的实施，城乡居民收入差距逐渐缩小，农民购买力与日俱增（王慧和李欣章，2016）。农村网购市场具有强大的购买力，农村电商已经被视为下一个"蓝海"，得到了国家政策的大力扶持。在农村中的线上购物用户中，有 56%的消费者有能力进行在线支付。然而，89%的用户选择货到付款作为第一支付选择。因此，电子商务管理者应该对线上预付和双支付模式下的企业绩效进行比较，选择更合适的支付服务设计。本章的相关结论能够为电子商务企业决策者进行支付服务设计提供理论依据。

事实上，尽管国内电子商务发展迅猛，却仍然存在众多问题。例如，很多淘宝商城卖家通过雇佣学生等进行虚假购买交易、提供虚假评论等（也称为"刷钻"），以此提高店铺销售量，博取网购消费者的信任。根据中国国际电子商务中心 2015 年的一份报告，线上预付方式下假货发生率是货到付款方式下的 3 倍，此外，不同支付方式下由质量原因引起的退货处理时间也各不相同，其中，货到付款方式下通常是一到两天，而线上预付方式下多达五六天。这些数据说明线上零售商在货到付款方式下可信度更高。货到付款服务方式相当于一种面向线上企业的监管工具，因此，认为线上企业应该为网购消费者提供货到付款服务。

本章的研究内容也存在一定的不足。首先，没有对线上预付和货到付款方式下消费者行为进行实证研究。但是，已有大量实证文献就货到付款服务对市场需求的积极刺激作用进行了论证（Chiejina and Soremekun，2014）。其次，消费者对同一种支付服务下的购物体验可能因所在国家不同而各异。例如，在其他很多国家中，配送周期都比国内的长很多，这就容易引起配送周期内商品零售价格的变化，最终影响消费者保留货物的意愿。国内零售商很早就已经注意到这个问题。因此，对于那些临近大型促销活动举办时进行网购的消费者，卖家通常会告诉他们所购商品在促销时的零售价格。例如，"双十一"活动期间商品价格普遍较平日低。在 11 月1 日~11 月 10 日购物的消费者能够看到 11 月 11 日当天商品的促销价格。如果商品配送期间其零售价格降低，则消费者可以要求卖家退回差价，或者直接拒收商品，再以低价重新购买商品。如果商品配送之后零售价格降低，消费者仍然可以要求退回差价。这是因为消费者拥有"7 天内无理由退换货"的权利。通常，卖家都会及时退回商品差价。为了进一步保护消费者免受价格歧视，也有线上零售商提出一种价格保护政策。例如，京东商城允许购买家居用品的消费者收货后 30 天内无理由要求退回商品差价（如果存在差价）。但是，值得注意的是，这仅是国内电子商务交易过程中的一种处理方式，其存在主要源于国内发展迅速的物流配送服务。毕竟，"次日达"在国内已非常普遍。其他国家的处理方式可能各不相同。因此，接下来会进一步研究不同国家中支付服务对消费者购物体验的影响，包括跨境交易。最后，还会继续研究网购供应链中的运营管理问题、不同支付服务下的协调策略等。尽管存在上述不足之处，本章内容仍然有助于更好地理解消费者在不同支付服务下的行为决策，为不同支付服务的优化设计提供理论参考和指导。

第5章　基于消费者购物体验的网购供应链协调

5.1　基于信任体验的网购供应链协调

5.1.1　系统描述及研究假设

消费者对网购交易的信任感知及信任体验，深刻影响着网购市场的发展。然而，现实中还存在很多影响消费者信任体验的现象。据国家工商行政管理总局数据，2016年上半年网络零售十大热点被投诉问题中，质量问题高居榜首，虚假发货、售假等问题也名列其中；网购交易中商品和服务集成化特性加重了服务的重要性，而售后服务问题却是消费者第二大投诉热点。这些问题严重影响了消费者的购物体验，妨碍了电子商务的进一步发展。

随着网购市场的进一步发展，众多网购企业意识到消费者网购信任感知的重要性，纷纷增加资本投入以加强网购信任建设。支付过程是网购交易过程中的关键一环，是消费者对网购信任度的直接体现。线下支付形式的产生，有效地消除了消费者对于商品质量问题、虚假发货、不发货及支付安全方面的担忧。而增加信任建设投入，能够引导消费者从线下支付向线上预付转移。当网购交易中电商企业只推出线上预付服务时，消费者对网购的信任感知/体验将直接决定网购交易的成败。因此，线上预付下，零售商更应该增加信任建设投资，提高消费者的信任感知度，改善消费者的信任体验，从而提高交易成功率。然而，信任建设需要耗费一定的资本，增加企业的生产成本，给企业造成一定的资金压力。尤其国内网购供应链（供应商—零售商）中，线上零售商大多是中小型企业及个人商户，普遍面临资金约束的困扰。起步晚、底子薄、财务状况不明晰的现状，导致他们很难通过传统金融机构进行融资；互联网金融机构严格的申请条件，又限制他们利用互联网融资的途径。因此，他们在信任建设投资方面的能力是非常有限的，非常需要网购供应链上下游之间的合作。即使零售商是如京东商城这样的大型网络零售平台，由于其开展线下支付服务需要投入大量资本，加之采购商品也需要耗费采购成本，其资金链相对较为紧张，也需要上游企业的合作。可见，基于消费者信任体验的网购供应链协调具有很大的必要性。

为此，本书设置一种基于消费者信任体验的激励机制。即通过网购供应链上下游企业之间的合作，激励零售商增加资本投入以改善消费者信任体验，提高消费者对网购交易的信任，从而有效引导消费者进行线上预付，扩大线上预付市场需求，提高网购供应链利润。

5.1.2　协调模型参数设置

为改善消费者信任体验，并引导消费者使用线上预付完成网购交易，进一步拉动消费，本书设置了基于消费者信任体验的激励机制，其运行机理为：供应商允许零售商延迟支付采购货款，并承诺在销售期结束后回收零售商的剩余库存，以此激励零售商增加信任建设投资。

考虑由上游大型供应商及下游中小微型零售商构成的网购供应链，零售商向供应商采购商品后通过电子商务平台销售给终端消费者。为激励零售商增加顾客购物体验投入，扩大市场需求，供应商与其签订一份"基于目标销售量的信用契约"，即当零售商实际销售量超过目标销售量 $D(D \geqslant 0)$ 时，超过部分的货款可以延迟支付，延迟时间（即"信用期"）为 m 天。信用期内，零售商可以利用回收货款进行投资，假设平均收益率为 r/d[①]；同时，对于季末剩余库存，供应商以单位价格 b 进行回购，以此激励零售商扩大订货量。

网购供应链的终端市场由大量消费者构成，因此，市场需求 x 是随机不确定的，假设其分布函数为 $F(x)$，密度函数为 $f(x)$ 且满足 $f(x)>0$。零售商信任建设投资水平（以下简称"投资水平"）e 会影响消费者的购买欲望，假设投资水平影响下的市场需求为 ex，$e \geqslant 1$。投入成本为 $V(e)$，其中，$V(\cdot)$ 是连续、单调递增的凸函数，$V(0)=0$。供应商的单位生产成本为 c，单位批发价格为 ω，零售商的单位零售价格为 p。利润函数为 π，用下标 r、m 和 sc 分别表示线上零售商、供应商和网购供应链。

零售商与供应商的博弈过程如下：首先，供应商根据零售商的销售业绩和信用状况，预测零售商的订货量和投资水平，据此设计信用契约参数，包括信用期 m、目标销售量 D 及回购价格 b；然后，零售商根据供应商的决策制定自己的最优决策，包括订货决策 Q 和投资水平 e。

基于以上背景，构建、分析信任体验影响市场需求下网购供应链主体的决策模型，探索供应商的信用契约设计问题、零售商的库存决策和投资水平决策问题，以实现网购供应链协调，有效改善消费者信任体验。

---

① 鉴于资本市场的开放性，可以假设制造商和经销商拥有相同的资本投资收益率。因此，供应链中制造商提供融资服务所用资金的机会成本与经销商利用此部分资金再投资的收益相等，即在供应链系统中该部分成本和收益相互抵消。

5.1.3　网购供应链协调模型构建与解析

1. 网购供应链集中决策模型

首先，构建网购供应链的利润函数，表示如下：

$$\pi_{sc}(Q,e) = -cQ + pE\min(Q,ex) - V(e) \tag{5-1}$$

对式（5-1）分别求关于投资水平 e 及订货量 Q 的二阶导数，可以得到

$$\frac{\partial^2 \pi_{sc}(Q,e)}{\partial e^2} = -\frac{\partial^2 V(e)}{\partial e^2} < 0 \tag{5-2}$$

及

$$\frac{\partial^2 \pi_{sc}(Q,e)}{\partial Q^2} = -\frac{p}{e}f\left(\frac{Q}{e}\right) < 0 \tag{5-3}$$

显然，$\pi_{sc}(Q,e)$ 是关于 Q 和 e 的凹函数。令 $\partial\pi_{sc}(Q,e)/\partial e = 0$，可得

$$\frac{\partial \pi_{sc}(Q,e)}{\partial e} = p\frac{Q}{e}F\left(\frac{Q}{e}\right) - p\int_0^{Q/e}F(x)\mathrm{d}x - \frac{\partial V(e)}{\partial e} = 0 \tag{5-4}$$

令 $\partial\pi_{sc}(Q,e)/\partial Q = 0$，可得

$$\frac{\partial \pi_{sc}(Q,e)}{\partial Q} = -c + p - pF\left(\frac{Q}{e}\right) = 0 \tag{5-5}$$

因此，存在最优投资水平 $e = \bar{e}$ 满足

$$\left.\frac{\partial V(e)}{\partial e}\right|_{e=\bar{e}} = p\mathscr{R}(\bar{Q}_0) \tag{5-6}$$

此时，最优订货量为

$$\bar{Q} = \bar{e}\bar{Q}_0 \tag{5-7}$$

式中，$\mathscr{R}(Q) = \int_0^Q x\mathrm{d}F(x)$，$\bar{Q}_0 = F^{-1}[(p-c)/p]$。

2. 线上零售商订货决策模型

同样可以得到，在分散决策下，零售商投资水平为 e 且只存在批发价契约时，最优投资水平 $\tilde{e}$ 满足

$$\left.\frac{\partial V(e)}{\partial e}\right|_{e=\tilde{e}} = p\mathscr{R}(Q_0) \tag{5-8}$$

相应地，最优订货量为

$$Q_1 = \tilde{e}Q_0 \tag{5-9}$$

式中，$Q_0 = F^{-1}[(p-\omega)/p]$。

最优利润为 $\tilde{\pi}_{\mathrm{r}}(Q_2,\tilde{e}) = \tilde{e}\,\partial V(e)/\partial e\big|_{e=\tilde{e}} - V(\tilde{e})$。显然，$\tilde{e} < \bar{e}$，$Q_1 < \bar{Q}$。

于是，供应商进一步提出一项回购契约。令单位回购价格 $b \in [0,\omega)$，即对于季末零售商的剩余库存，供应商以单位回购价格 b 进行回购。假设回购过程不产生其他费用。

容易得到，只存在回购契约时，零售商的最优订货量为

$$Q_2 = \breve{e}\underline{Q}_0 \tag{5-10}$$

式中，$\underline{Q}_0 = F^{-1}[(p-\omega)/(p-b)]$。

最优投资水平 $\breve{e}$ 满足

$$\frac{\partial V(e)}{\partial e}\bigg|_{e=\breve{e}} = (p-b)\mathscr{R}(\underline{Q}_0) \tag{5-11}$$

此时，零售商的最大利润为 $\tilde{\pi}_{\mathrm{r}}(Q_2,\breve{e}) = \breve{e}\,\partial V(e)/\partial e\big|_{e=\breve{e}} - V(\breve{e})$。

回购契约能够有效刺激零售商扩大订货量，但是却不能实现信任影响下网购供应链的协调。分析如下：网购供应链协调状态时的订货量和投资水平分别满足 $Q^* = \bar{Q}$，$e^* = \bar{e}$。如果回购契约能够实现网购供应链协调，则 $Q^* = Q_2$，$e^* = \breve{e}$，故最优订货量满足 $\bar{Q}_0 = \underline{Q}_0 = F^{-1}[(p-c)/p]$，且能够得到 $\partial V(e)/\partial e\big|_{e=\breve{e}} = \partial V(e)/\partial e\big|_{e=\bar{e}}$，即 $[p(p-\omega)/(p-c)]\mathscr{R}(\underline{Q}_0) = p\mathscr{R}(\bar{Q}_0)$，解得 $\breve{e} < \bar{e}$，与假设矛盾。故假设不成立，即回购契约不能实现信任影响下网购供应链的协调。徐最等（2008）也得出了相同的结论。

于是，进一步结合基于目标销售量的信用契约。

当供应商同时提出信用契约和回购契约时，零售商的利润函数可以表示为

$$\pi_{\mathrm{r}}(Q,e\,|\,D) = -\omega Q + pE\min(Q,ex) + \omega mr[E\min(Q,ex)-D]^+ + bE(Q-ex)^+ - V(e) \tag{5-12}$$

将式（5-12）进一步化简可得

$$\pi_{\mathrm{r}}(Q,e\,|\,D) = \begin{cases} (p-\omega)Q - (p-b)e\displaystyle\int_0^{Q/e} F(x)\mathrm{d}x - V(e), Q \leqslant D \\[3mm] (p-\omega)Q - (p-b)e\displaystyle\int_0^{\frac{Q}{e}}(Q-ex)\mathrm{d}F(ex) - V(e) \\[3mm] \quad + \omega mr\left\{\displaystyle\int_D^{\frac{Q}{e}}(ex-D)\mathrm{d}F(ex) + [Q-D](1-F(Q))\right\}, Q > D \end{cases} \tag{5-13}$$

将零售商利润函数式（5-13）对订货量进行求导，可得一阶导数满足

$$\frac{\partial \pi_r(Q,e\,|\,D)}{\partial Q} = \begin{cases} p-\omega-(p-b)F\!\left(\dfrac{Q}{e}\right), & Q \leqslant D \\[3mm] p-\omega+\omega mr-(p-b+\omega mr)F\!\left(\dfrac{Q}{e}\right), & Q > D \end{cases} \tag{5-14}$$

以及二阶导数：

$$\frac{\partial^2 \pi_r(Q,e\,|\,D)}{\partial Q^2} = \begin{cases} -\left(\dfrac{p-b}{e}\right)f\!\left(\dfrac{Q}{e}\right)<0, & Q \leqslant D \\[3mm] -\left(\dfrac{p-b+\omega mr}{e}\right)f\!\left(\dfrac{Q}{e}\right)<0, & Q > D \end{cases} \tag{5-15}$$

因此，$\pi_r(Q,e\,|\,D)$ 是 $Q\in[0,D)\bigcup(D,\infty)$ 的连续凹函数。显然，$\lim\limits_{Q\to D^-}\partial\pi_r(Q,e\,|\,D)/\partial Q < \lim\limits_{Q\to D^+}\partial\pi_r(Q,e\,|\,D)/\partial Q$。记 $Q_3=e\underline{Q}_1$，其中，$\underline{Q}_1=F^{-1}[(p-\omega+\omega mr)/(p-b+\omega mr)]$，则 $Q_2<Q_3$。再次证明了信用融资服务对企业库存决策的积极影响。

引理 5.1　存在唯一的 $\sigma\in(Q_2,Q_3)$，使得 $\Phi(\sigma)=\pi_r(Q_2\,|\,\sigma)-\pi_r(Q_3\,|\,\sigma)=0$ 恒成立。

证明：根据上述推导可得，当目标销售量满足 $D\leqslant Q_2$ 时，零售商的最大利润为 $\pi_r(Q_3\,|\,D)$；当目标销售量满足 $D\geqslant Q_3$ 时，零售商的最大利润为 $\pi_r(Q_2\,|\,D)$；当目标销售量满足 $Q_2\leqslant D\leqslant Q_3$ 时，零售商利润分别为 $\pi_r(Q_2\,|\,D)=e(p-b)\mathscr{R}(\underline{Q}_0)-V(e)$，$\pi_r(Q_3\,|\,D)=e(p-b+m\omega r)\mathscr{R}(\underline{Q}_1)-V(e)-m\omega r(e\mathscr{R}(D/e)+D[1-F(D/e)])$。因为 $\Phi(Q_2)<0<\Phi(Q_3)$，$\Phi(D)'=1-F(D)>0$，即 $\Phi(D)$ 单调递增，所以，必然存在唯一的 $\sigma\in(Q_2,Q_3)$ 使得 $\Phi(\delta)=0$。证毕。

引理 5.1 表明，当目标销售量满足一定条件时，该激励机制有助于增加零售商的订货量，改善网购消费者信任体验，但是并不能提高其利润。此时，激励机制的价值主要依赖于供应商和零售商的博弈关系。如果供应商同意与零售商分享额外收入（订货量增加部分产生的收入），那么零售商会选择使用信用融资、增加信任建设投入，进而能够扩大市场规模，增加订货量。

定义 5.1　对于任意的 $e\geqslant 0$，同时考虑信用契约和回购契约，消费者信任体验影响市场需求下的零售商最优订货决策满足：

$$\begin{cases} Q^*=Q_2, & e<\dfrac{D}{\sigma} \\[3mm] Q^*=Q_3, & e>\dfrac{D}{\sigma} \\[3mm] Q^*=\{Q_2,Q_3\}, & e=\dfrac{D}{\sigma} \end{cases}$$

证明：令 $H(D)=\pi_r(Q_2,e\,|\,D)-\pi_r(Q_3,e\,|\,D)$，其中，$D\in[Q_2,Q_3]$ 且 $H(\sigma)=0$。

显然，当 $D \leqslant Q_2$ 时，$\max \pi_r(Q,e|D) = \pi_r(Q_3,e|D)$；当 $D \geqslant Q_3$ 时，$\max \pi_r(Q,e|D) = \pi_r(Q_2,e|D)$。其中，$\pi_r(Q_2,e|D) = e(p-b)\mathscr{R}(\underline{Q_0}) - V(e)$，$\pi_r(Q_3,e|D) = e(p-b+m\omega r)\mathscr{R}(\underline{Q_1}) - V(e) - m\omega r\{e\mathscr{R}(D/e) + D[1-F(D/e)]\}$。故 $H(Q_2) < 0 < H(Q_3)$。又 $H(\cdot)$ 是连续且单调递增函数，因此，存在唯一的 $\sigma \in (Q_2,Q_3)$ 使得 $H(\sigma) = 0$ 且易知 $\sigma = e\delta$。

又当 $Q_2 \leqslant D \leqslant Q_3$ 时，$\lim\limits_{Q \to D^-} \partial \pi_r(Q,e|D)/\partial Q < \lim\limits_{Q \to D^+} \partial \pi_r(Q,e|D)/\partial Q$，且

$$\max \pi_r(Q,e|D) = \begin{cases} \pi_r(Q_3,e|D), D \leqslant Q_2 \\ \pi_r(Q_2,e|D), D \geqslant Q_3 \end{cases}$$

故 $Q^* = \underset{Q \in \{Q_3,Q_4\}}{\arg\max} \pi_r(Q,e|D)$。当 $D > e\sigma$ 时，$H(D) > 0$，$\pi_r(Q_3,e|D) < \pi_r(Q_2,e|D)$；当 $D < e\sigma$ 时，$H(D) < 0$，$\pi_r(Q_3,e|D) > \pi_r(Q_2,e|D)$。证毕。

由定义 5.1 可知，在信任建设投资水平影响市场需求情况下，如果零售商投资很少以至于不能有效提高消费者对网购的信任度时，实现目标销售量的概率就会很小，则零售商只能放弃使用信用融资服务，消费者信任体验无法得到改善，市场需求降低，订货量减少；反之，则会增加订货量。从另一个角度看，如果零售商对信任建设投资水平不变，则契约中目标销售量的值越大，零售商的订货量越小；反之，则越大。由此可见，信任建设投资水平决策具有重要意义，下面将对其进行分析。

3. 线上零售商投资水平决策模型

由上文可得，零售商的利润是变量 e 的函数，令 $\mathbb{Z}(e|D) = \pi_r[Q^*(e),e|D]$。则

$$\mathbb{Z}(e|D) = \begin{cases} e(p-b)\mathscr{R}(\underline{Q_0}) - V(e), e \leqslant \dfrac{D}{\sigma} \\ e(p-b+m\omega r)\mathscr{R}(\underline{Q_1}) - V(e) - m\omega r\left\{ e\mathscr{R}\left(\dfrac{D}{e}\right) + D\left[1 - F\left(\dfrac{D}{e}\right)\right] \right\}, e > \dfrac{D}{\sigma} \end{cases}$$

（5-16）

同样可得一阶导数：

$$\frac{\partial \mathbb{Z}(e|D)}{\partial e} = \begin{cases} (p-b)\mathscr{R}(\underline{Q_0}) - \dfrac{\partial V(e)}{\partial e}, e \leqslant \dfrac{D}{\sigma} \\ (p-b+m\omega r)\mathscr{R}(\underline{Q_1}) - \dfrac{\partial V(e)}{\partial e} - m\omega r\mathscr{R}\left(\dfrac{D}{e}\right), e > \dfrac{D}{\sigma} \end{cases}$$

（5-17）

及二阶导数：

$$\frac{\partial^2 \mathbb{Z}(e|D)}{\partial e^2} = \begin{cases} -\dfrac{\partial^2 V(e)}{\partial e^2}, e \leqslant \dfrac{D}{\sigma} \\ -\dfrac{\partial^2 V(e)}{\partial e^2} + e^{-3}m\omega r D^2 f\left(\dfrac{D}{e}\right), e > \dfrac{D}{\sigma} \end{cases}$$

（5-18）

由此，$\lim\limits_{e\to(D/\sigma)^-}\partial\mathbb{Z}(e\,|\,D)/\partial e<\lim\limits_{e\to(D/\sigma)^+}\partial\mathbb{Z}(e\,|\,D)/\partial e$，这说明 D/σ 不是最优投资水平。此外，根据定义 5.1，如果 $e^*=D/\sigma$，则 $Q^*=\{Q_2,Q_3\}$，即零售商在这两种订货量决策下的利润是相同的。通常情况下，零售商会选择较小的订货量 Q_2，也就是放弃利用信用契约，只使用回购契约，但是这样难以实现供应链协调，前面已经证明。这也再次说明 D/σ 不是最优投资水平。

推论 5.1　假设 $x\sim U(0,1)$，$V(e)=ae^2/2$，$a>0$。则：①当 $D<m\omega r\sigma^3/a$ 时，$\mathbb{Z}(\cdot\,|\,D)$ 在区间 $[0,D/\sigma]$ 和 $[(m\omega rD^2/a)^{1/3},\infty)$ 是凹函数；②当 $D\geqslant m\omega r\sigma^3/a$ 时，$\mathbb{Z}(\cdot\,|\,D)$ 在区间 $[0,D/\sigma]$ 和 $(D/\sigma,\infty)$ 是凹函数。

证明：当 $x\sim(0,1)$，$V(e)=ae^2/2$ 时，$\partial^2\mathbb{Z}(e\,|\,D)/\partial e^2=-a<0(e\in[0,D/\sigma])$，$\partial^2\mathbb{Z}(e\,|\,D)/\partial e^2=-a+e^{-3}m\omega rD^2[e\in(D/\sigma,\infty)]$。因此，如果 $D\geqslant m\omega r\sigma^3/a$，则 $e^{-3}m\omega rD^2-a<m\omega r\sigma^3/D-a\leqslant0$；而当 $D<m\omega r\sigma^3/a$ 时，若 $e^{-3}m\omega rD^2-a<0$ 成立，则必须满足 $e>(m\omega rD^2/a)^{1/3}$ 这个条件。因此，$\mathbb{Z}(\cdot\,|\,D)$ 在 $e\in[0,D/\sigma]$ 必然存在最大值，设取得最大值的投资水平为 $\hat{e}$。当 $e\in(D/\sigma,\infty)$ 时，若存在最大值，则设此时投资水平为 $\check{e}$；若不存在最大值，则令 $\check{e}=D/\sigma$。证毕。

定义 5.2　假设 $x\sim U(0,1)$，$V(e)=ae^2/2$，$a>0$。则存在唯一的 τ 使得零售商的投资水平决策满足：

$$\begin{cases}e^*=\hat{e}>\dfrac{D}{\sigma},D<\tau\\[2mm]e^*=\check{e}<\dfrac{D}{\sigma},D>\tau\\[2mm]e^*=\{\check{e},\hat{e}\},D=\tau\end{cases}$$

证明：令 $\underline{\mathbb{Z}}(e\,|\,D)=\mathbb{Z}(e\,|\,D)$，$e\in[0,D/\sigma]$；$\overline{\mathbb{Z}}(e\,|\,D)=\mathbb{Z}(e\,|\,D)$，$e\in(D/\sigma,\infty)$。$\hat{e}=\min(\check{e},D/\sigma)$。定义函数 $K(D)=\underline{\mathbb{Z}}(\hat{e}\,|\,D)-\overline{\mathbb{Z}}(\hat{e}\,|\,D)$，$D\in[\sigma\check{e},\infty)$，易知 $K(D)$ 是连续函数。

首先证明存在唯一的 τ 使得 $K(\tau)=0$。由于 $D\in[\sigma\check{e},\infty)$，$\overline{\mathbb{Z}}(\hat{e}\,|\,\cdot)$ 是单调递减的，$\underline{\mathbb{Z}}(\hat{e}\,|\,\cdot)$ 是单调递增的，因此，$K(D)$ 是 $D\in[\sigma\check{e},\infty)$ 上的单调递增函数。若 $D\leqslant\sigma\check{e}$，则 $0\leqslant\lim\limits_{e\to(D/\sigma)^-}\partial\mathbb{Z}(e\,|\,D)/\partial e<\lim\limits_{e\to(D/\sigma)^+}\partial\mathbb{Z}(e\,|\,D)/\partial e$。由于 $\mathbb{Z}(\cdot\,|\,D)$ 在 $e\in[0,D/\sigma]$ 是凹函数，且 $\lim\limits_{e\to(D/\sigma)^-}\partial\mathbb{Z}(e\,|\,D)/\partial e\geqslant0$，因此，$e\in[0,D/\sigma]$ 时 $\partial\mathbb{Z}(e\,|\,D)/\partial e>0$。又因为 $\lim\limits_{e\to(D/\sigma)^+}\partial\mathbb{Z}(e\,|\,D)/\partial e>0$，所以，$\mathbb{Z}(\cdot\,|\,D)$ 在 $e\in(D/\sigma,\infty)$ 有一个驻点。故，$\underline{\mathbb{Z}}(\hat{e}\,|\,D)<\overline{\mathbb{Z}}(\hat{e}\,|\,D)$，$K(\check{e}\sigma)<0$。显然，$\lim\limits_{D\to\infty}\underline{\mathbb{Z}}(\hat{e}\,|\,D)=\lim\limits_{D\to\infty}\underline{\mathbb{Z}}(\check{e}\,|\,D)=\tilde{\pi}_r(Q_3,\check{e})<\infty$。由 $\lim\limits_{D\to\infty}\overline{\mathbb{Z}}(\hat{e}\,|\,D)=-\infty$ 可得 $\lim\limits_{D\to\infty}K(D)=\infty$。连续递增函数 $K(D)$ 满足 $K(\check{e}\sigma)<0$，$K(\infty)=\infty$，因此，必然存在唯一值 τ 使得 $K(\tau)=0$，$\tau\in(\sigma\check{e},\infty)$。显然，$\hat{e}=D/\sigma$ 不是最优努力

水平。因此，当 $D < \tau$ 时，$\mathbb{Z}(\hat{e} \mid D) < \overline{\mathbb{Z}}(\overline{e} \mid D)$，$e^* = \hat{e} > D / \sigma$；当 $D > \tau$ 时，$\mathbb{Z}(\hat{e} \mid D) > \overline{\mathbb{Z}}(\overline{e} \mid D)$，$e^* = \breve{e} < D / \sigma$；当 $D = \tau$ 时，$\mathbb{Z}(\hat{e} \mid D) = \overline{\mathbb{Z}}(\overline{e} \mid D)$，$e^* = \{\hat{e}, \breve{e}\}$。证毕。

定义 5.2 说明，契约设计直接影响零售商的投资水平决策。如果目标销售量高于某一临界值，则零售商减少信任建设投资；反之，则会提高投资水平。这是因为，要实现较高的目标销售量，需要零售商提高投资水平，则投入成本增加，该激励机制的应用价值变小，尤其当目标实现可能性很小时，该价值可能不再存在。因此，零售商只能放弃使用信用融资，同时降低投资水平（$e^* = \breve{e} < D / \sigma$）和订货量（$Q^* = Q_2$）。反之，当设置的目标销售量偏低时，实现目标销售量的概率变大，零售商就会选择利用信用融资，同时提高投资水平（$e^* = \hat{e} > D / \sigma$），扩大订货量（$Q^* = Q_3$）。

值得注意的是，尽管上述两种决策选择都能使零售商利润最大化，但是，$e^* = \breve{e}$ 及 $Q^* = Q_2$ 决策不是供应链的最优决策，因其不能实现供应链协调。而当今"消费者驱动"时代更加需要稳定的供应链以提供满意的商品和服务，增强供应链核心竞争力。因此，管理者应该积极探索能够实现供应链协调的经营决策。

5.1.4　网购供应链协调策略

定义 5.3　消费者信任体验影响市场需求情况下，线上零售商的投资水平和订货量决策分别为 $e^* = \hat{e}$ 及 $Q^* = Q_3$ 时，能够实现供应链协调的信用契约和回购契约组合 (m^*, b^*, D^*) 满足：

$$m^* = \frac{(\omega - c)(-p^3 + 3cp^2 - 3pc^2 + c^3)}{(-p^3 + 3cp^2 - 3pc^2 + c^3 + 4ap^2 D^*)\omega r}$$

$$b^* = \frac{(\omega - c)(-p^4 + 4cp^3 - 6c^2 p^2 + 4pc^3 - c^4 + 4aD^* p^3)}{(p - c)(-p^3 + 3cp^2 - 3pc^2 + c^3 + 4ap^2 D^*)}$$

且存在唯一的 $D^* \in (\breve{e}\sigma, \overline{e}\sigma)$ 使得 $\gamma(D) = \underline{Y}(D) - \overline{Y}(D) + \varepsilon = 0$。此时，零售商的利润为 $\pi_{\mathrm{r}}^* = \gamma$，供应商的利润为 $\pi_{\mathrm{m}}^* = \pi' - \gamma$。

其中，$\pi' = \pi_{sc}(Q_3, \hat{e})$，$\overline{Y}(D) = \gamma$ 表示投资水平为 $\overline{e}$ 的零售商利润，$\underline{Y}(D) = \gamma - \varepsilon$ 表示投资水平为 $\breve{e}$ 的零售商利润。$\gamma \in (0, \pi')$，$\varepsilon \in (0, \gamma)$。

证明：其中，$\overline{e} > D / \sigma$，$\breve{e} < D / \sigma$。设 ε 是足够小的正实数，$Y(D) = \underline{Y}(D) - \overline{Y}(D) + \varepsilon$，$D \in (\breve{e}\sigma, \overline{e}\sigma)$。当 $D < \overline{e}\sigma$ 即 $\overline{e} > D / \sigma$ 时，由 $m = m^*$，$b = b^*$，可得 $\partial \overline{\mathbb{Z}}(e \mid D) / \partial D \big|_{e = \overline{e}} = 0$；当 $D \geqslant \breve{e}\sigma$ 时，$\mathbb{Z}(\hat{e} \mid D) = \underline{Y}(D)$。当 $D = \breve{e}\sigma$ 时，易得 $\lim\limits_{e \to (\breve{e})^-} \partial \mathbb{Z}(e \mid D) / \partial e = 0 < \lim\limits_{e \to (\breve{e})^+} \partial \mathbb{Z}(e \mid D) / \partial e$，又 $\overline{e} > \breve{e}$，因此，$\overline{\mathbb{Z}}(\hat{e} \mid \breve{e}\sigma) = \overline{Y}(\breve{e}\sigma)$，$\overline{Y}(\breve{e}\sigma) > \underline{Y}(\breve{e}\sigma)$，故 $Y(\breve{e}\sigma) < 0$。取 $\varepsilon < \overline{Y}(\breve{e}\sigma) - \underline{Y}(\breve{e}\sigma)$。又 $\lim\limits_{e \to (\overline{e})^-} \partial \mathbb{Z}(e \mid \overline{e}\sigma) / \partial e < \lim\limits_{e \to (\overline{e})^+} \partial \mathbb{Z}(e \mid \overline{e}\sigma) / \partial e = 0$，

因此，$\bar{Z}(\hat{e}|\bar{e}\sigma) = \underline{Y}(\bar{e}\sigma) > \bar{Y}(\bar{e}\sigma)$，故 $Y(\bar{e}\sigma) > 0$。由于 $Y(\tilde{e}\sigma) < 0 < Y(\bar{e}\sigma)$，$Y(D)$ 是连续函数，故由零点定理可得，存在唯一的 $D^* \in (\tilde{e}\sigma, \bar{e}\sigma)$ 使得 $Y(D) = \underline{Y}(D) - \bar{Y}(D) + \varepsilon = 0$。因为 $\bar{e} > D/\sigma$，所以，$Q^* = Q_3$。又因为 m^*、b^*，所以，$\underline{Q}_1 = \bar{Q}_0$。因此，$Q^* = \bar{Q}$，即实现供应链协调。令协调状态下的供应链利润为 $\pi' = \pi_{sc}(Q_3, \hat{e})$，因零售商的利润为 $\pi_r^{*'} = \gamma$，故协调状态下的供应商的利润满足 $\pi_m^{*'} = \pi' - \gamma$。证毕。

定义 5.3 说明，通过合理设计信用契约和回购契约组合，能够激励零售商增加信任建设投资，同时缓解其资金压力，刺激其增加订货量，最终实现网购供应链协调，达到双赢。同时，该契约组合能够实现网购供应链利润在各主体之间任意分配，大大提高了契约操作性和可行性，有助于促进供应链主体之间的和谐发展，保障此激励机制的有效运行。

5.2　基于便利体验的网购供应链协调

5.2.1　系统描述及研究假设

便利是网购交易活动的一个显著特点，也是网购吸引消费者的一个重要方面。网购给人们的生活带来了很多的便利和好处：不需要乘坐拥挤的地铁和公交，不需要一家一家地到处搜寻想要的衣服，不需要跟老板一直讨价还价，不需要特意挤出时间去逛街。只要登录网上商城，足不出户，就能轻而易举地找到自己满意的商品。网购交易的便利特性引起了电商企业的重视，尤其随着生活水平的提高和生活节奏的加快，消费者对服务便利的需求日趋激烈，加剧了网购行业的竞争。为此，电商企业纷纷推出多种措施以提高网购便利性，改善消费者网购体验。为便利消费者网购交易中的注册过程和支付过程，各大电商平台，包括天猫商城、京东商城及唯品会等，纷纷推出多种快捷登录方式和支付方式。为便利消费者的收货过程，各地出现大量便利店提货点，消费者不需要特意安排时间和地点收货，直接在小区附近的便利店提货点提取货物即可。京东商城也于 2012 年 8 月上线"自提柜"，为用户提供 24h 自助提货服务，并且支持自助刷卡支付。可见，网购服务的便利已经引起电商企业的足够重视。然而，很多消费者在售后服务方面的便利体验较差，这严重影响了消费者对网购的满意度，阻碍了网购行业的发展。数据显示，2016 年上半年中国网络零售十大热点投诉热点问题中，售后服务问题成为消费者第二大投诉热点，退货难和退款难高居第三、第五位。显然，售后服务便利性对于消费者购物体验影响也很大。综上，便利性体现在网购交易的整个过程中，全面影响消费者的网购体验。

为进一步改善消费者网购体验，提升网购交易的便利性，电商企业推出差异化支付服务。线上预付作为基本支付方式，能够满足现有大部分消费者的需求，是应用最为广泛的支付方式。线下支付服务，其允许消费者收到货物后再付款的特性，有助于吸引那些不熟悉互联网操作和网上支付的消费者，近年来成为电商企业的主要营销方式。两种支付服务对消费者的便利感知不同，包括购买过程便利感知、收货过程便利感知及退货过程便利感知等。消费者便利体验不同，引起的消费者行为各异，进而对网购供应链绩效产生不同的影响。由此可见，电商企业应该加大消费者便利体验方面的投入，增强消费者对网购的便利感知，扩大市场规模。例如，提供上门取货服务，便利消费者的配送过程；精简退货流程，便利消费者的退货过程等。然而，无论是 B2C 还是 C2C，在网购供应链（供应商—零售商）中，线上零售商大多都是中小型企业及个人商户，普遍面临资金约束的困扰。起步晚、底子薄、财务状况不明晰的现状，导致他们很难通过传统金融机构进行融资；互联网金融机构严格的申请条件，又限制他们利用互联网融资的途径。因此，他们在消费者便利购物体验投入方面的能力非常有限，需要网购供应链上下游之间的合作。即使零售商是如京东商城这样的大型网络零售平台，其开展线下支付服务需要投入大量资本，加之采购商品也需要耗费采购成本，因此，其资金链相对较为紧张，也需要上游企业的合作。综上，需要设计协调机制以改善消费者购物过程中的便利体验，扩大市场需求，同时提高网购供应链各主体绩效。通过构建网购供应链协调模型、获得网购供应链协调策略，保障协调机制的顺利进行，只有这样，才能提高供应链整体获利水平，实现网购供应链各主体的多赢。

5.2.2　协调模型参数设置

降低消费者网购便利成本能够增加网购供应链系统利润。然而，网购市场中，与消费者直接交易的线上零售商多为规模较小、资本有限的中小型商家，其独立增加投入以改善消费者便利体验的难度较大。于是，为激励零售商提高便利服务水平，改善网购消费者的便利体验，网购供应链上游供应商提出一种激励机制，即允许零售商延迟支付采购货款。通过这种方式，能够缓解零售商便利服务建设方面的资金压力，稳定供应链发展，进而保障网购供应链服务，扩大市场规模，增加网购供应链利润。

考虑由上游大型供应商及下游中小微型零售商构成的网购供应链，零售商向供应商采购商品后通过电子商务平台销售给终端消费者。为激励零售商提高便利服务水平，扩大市场需求，供应商与其签订一份"基于目标销售量的信用契约"，即当零售商实际销售量超过目标销售量 $D(D \geqslant 0)$ 时，超过部分的货款可以延迟支付，延迟时间（即"信用期"）为 m 天。信用期内，零售商可以利用回收货款进行投资，假设平均收益率为 r/d。

对于受便利感知影响的网购消费者来说，提高便利服务水平后消费者的网购意愿增强。由于不同消费者对同等便利水平的感知不同，故可假设 k 为消费者便利敏感度，当未提供便利服务时市场需求为 x，则提供便利服务后市场需求为 kx，k 为常数且满足 $k \geq e$。同基于信任体验的情况一样，市场需求 x 是随机不确定的，假设其分布函数为 $F(x)$，密度函数为 $f(x)$ 且满足 $f(x) > 0$。为消费者提供便利服务的单位运营成本为 h，$h > 0$。

其他参数设置与基于信任体验的情况时相同。

便利体验主导情形下，零售商与供应商的博弈过程如下：首先，供应商根据零售商的销售业绩和信用状况，预测零售商的订货量，据此设计信用契约参数，包括信用期 m 及目标销售量 D；然后，零售商根据供应商的决策制定自己的最优订货决策 Q。

基于以上背景，下面将构建、分析考虑消费者便利体验影响的网购供应链主体的决策函数模型，探索供应商的信用契约设计问题及零售商的库存决策问题，以实现网购供应链协调，保障激励机制的有效运行，有效改善消费者的便利体验。

5.2.3　网购供应链协调模型构建与解析

1. 网购供应链集中决策模型

首先，构建便利体验影响情形下网购供应链的利润函数，表示如下：

$$\pi_{sc}(Q) = -cQ + pE\min(Q, kx) - hE\min(Q, kx) \tag{5-19}$$

对式（5-19）求关于订货量 Q 的二阶导数，可得

$$\frac{\partial^2 \pi_{sc}(Q)}{\partial Q^2} = -\frac{p-h}{k} f\left(\frac{Q}{k}\right) < 0 \tag{5-20}$$

显然，$\pi_{sc}(Q)$ 是关于 Q 的凹函数。

令 $\partial \pi_{sc}(Q) / \partial Q = 0$，可得

$$\frac{\partial \pi_{sc}(Q)}{\partial Q} = -c + p - h - (p-h)F\left(\frac{Q}{k}\right) = 0 \tag{5-21}$$

因此，存在最优订货量为

$$\bar{Q} = k\bar{Q}_2 \tag{5-22}$$

式中，$\bar{Q}_2 = F^{-1}[(p-c-h)/p-h]$。

2. 网购供应链分散决策模型

在分散决策下，提供便利服务的零售商利润函数模型为

$$\pi_{\mathrm{r}}(Q \mid D) = -\omega Q + pE\min(Q,kx) + \omega mr[E\min(Q,kx)-D]^{+} - hE\min(Q,kx)$$

（5-23）

将式（5-23）进一步化简可得

$$\pi_{\mathrm{r}}(Q \mid D) = \begin{cases} (p-h-\omega)Q - (p-h)k\displaystyle\int_{0}^{Q/k} F(x)\mathrm{d}x, Q \leqslant D \\[2mm] (p-h-\omega)Q - (p-h)k\displaystyle\int_{0}^{Q}(Q-kx)\mathrm{d}F(kx) \\[2mm] +\omega mr\left\{\displaystyle\int_{D}^{Q}(kx-D)\mathrm{d}F(kx)+(Q-D)[1-F(Q)]\right\}, Q > D \end{cases}$$

（5-24）

将零售商利润函数式（5-24）对订货量进行求导，可得一阶导数满足：

$$\frac{\partial \pi_{\mathrm{r}}(Q \mid D)}{\partial Q} = \begin{cases} p-h-\omega-(p-h)F\left(\dfrac{Q}{k}\right), Q \leqslant D \\[3mm] p-h-\omega+\omega mr-(p-h+\omega mr)F\left(\dfrac{Q}{k}\right), Q > D \end{cases}$$

（5-25）

及二阶导数满足：

$$\frac{\partial^2 \pi_{\mathrm{r}}(Q \mid D)}{\partial Q^2} = \begin{cases} -\left(\dfrac{p-h}{k}\right)f\left(\dfrac{Q}{k}\right) < 0, Q \leqslant D \\[3mm] -\left(\dfrac{p-h+\omega mr}{k}\right)f\left(\dfrac{Q}{k}\right) < 0, Q > D \end{cases}$$

（5-26）

因此，$\pi_{\mathrm{r}}(Q \mid D)$ 是 $Q \in [0,D)\bigcup(D,\infty)$ 的连续凹函数。显然，$\lim\limits_{Q \to D^{-}}\partial \pi_{\mathrm{r}}(Q \mid D)/$
$\partial Q < \lim\limits_{Q \to D^{+}}\partial \pi_{\mathrm{r}}(Q \mid D)/\partial Q$。记 $Q_4 = k\underline{Q}_4$，$Q_5 = k\underline{Q}_5$，其中，$\underline{Q}_4 = F^{-1}[(p-h-\omega)/$
$(p-h)]$，$\underline{Q}_5 = F^{-1}[(p-h-\omega+\omega mr)/(p-h+\omega mr)]$，则 $Q_4 < Q_5$。该结论证明了上面所设激励机制对零售商订货量的积极影响。

定义 5.4　对于任意的 $e \geqslant 0$，同时考虑信用契约和回购契约，顾客信任感知影响市场需求下的零售商最优订货决策满足：

$$\begin{cases} Q^{*} = Q_4, D > k\delta \\ Q^{*} = Q_5, D < k\delta \\ Q^{*} = \{Q_4, Q_5\}, D = k\delta \end{cases}$$

其中，δ 相当于定义 5.1 中的 σ。

证明： 因为 $\max \pi_{\mathrm{r}}(Q \mid D) = \begin{cases} \pi_{\mathrm{r}}(Q_4 \mid D), Q \in [0,D] \\ \pi_{\mathrm{r}}(Q_5 \mid D), Q \in (D,\infty) \end{cases}$，故 $Q_0^{*} \in \{Q_4, Q_5\}$。当 $Q_4 < D <$
Q_5 时，有 $\lim\limits_{Q \to D^{-}}\partial \pi_{\mathrm{r}}(Q \mid D)/\partial Q < 0 < \lim\limits_{Q \to D^{+}}\partial \pi_{\mathrm{r}}(Q \mid D)/\partial Q$。记 $\Phi(x) = \pi_{\mathrm{r}}(Q_4 \mid x) - \pi_{\mathrm{r}}(Q_5 \mid$

x），则当 $D < k\delta$ 时，$\Phi(D) < 0$，$\pi_r(Q_4 | D) < \pi_r(Q_5 | D)$，故 $Q^* = Q_5$；当 $D > k\delta$ 时，$\Phi(D) > 0$，$\pi_r(Q_4 | D) > \pi_r(Q_5 | D)$，故 $Q^* = Q_4$；当 $D = k\delta$ 时，$\Phi(D) = 0$，$\pi_r(Q_4 | D) = \pi_r(Q_5 | D)$，故 $Q^* = \{Q_4, Q_5\}$。证毕。

定义 5.4 显示，相比于目标销售量较大时（大于临界值 $k\delta$），零售商的订货量在其小于临界值 $k\delta$ 时有所增加。不妨假设目标销售量无穷大，那么零售商销售压力剧增，除非消费者是高度便利敏感型的，否则，实现目标销售量的概率很小，订货量超越目标销售量的可能性几乎为零，这种情况下，零售商只能放弃使用信用融资，同时，也就不会增加便利服务投入。消费者便利需求得不到满足，市场销量受阻，订货量必然下降。反之，当目标销售量很小、能够实现时，零售商会优先选择推出便利服务，并利用信用契约缓解资金压力，扩大订货量，提高销售收入。由此可见，契约参数设置至关重要。

5.2.4 网购供应链协调策略

定义 5.5 为了激励零售商增加便利投资，改善消费者便利体验，并实现网购供应链协调 $Q = Q_5$，供应商提出基于目标销售量的信用契约，其参数 (m^*, D^*) 应该满足

$$m^* = \frac{(p-h)(\omega - c)}{\omega r c}$$

$$(p - h + \omega m^* r) k \mathcal{R}(Q_5) - \omega m^* r \{k \mathcal{R}(D^*) + D^*[1 - F(D^*)]\} = \lambda$$

式中，$\pi = \pi_{sc}(Q_5)$，$\lambda \in (0, \pi)$。协调状态下零售商利润为 $\pi_r^* = \lambda$，供应商利润为 $\pi_m^* = \pi - \lambda$。

证明：先求契约参数值。由于 (m^*, D^*) 能够实现供应链协调，因此，$Q_5 = \bar{Q}$，化简即可得 $m^* = (p-h)(\omega - c)/(\omega r c)$。设 α 满足 $p\alpha = pk\mathcal{R}(\bar{Q}) - pk\mathcal{R}(Q_4) - \varepsilon$，其中，$\varepsilon$ 是足够小的正实数。为了方便理解和计算，我们提出假设，即令 $\psi(D) = [k\mathcal{R}(D) + D[1 - F(D)] - k\mathcal{R}(\bar{Q})][F(\bar{Q}) - F(Q_4)][1 - F(\bar{Q})]^{-1}$，显然，可以得到关系式 $p\psi(D, m^*) = m\omega r\{k\mathcal{R}(D) + D[1 - F(D)] - k\mathcal{R}(\bar{Q})\}$，进一步地，能够得到 $(p + \omega m^* r) k\mathcal{R}(\bar{Q}) - \omega m^* r \{k\mathcal{R}(D^*) + D^*[1 - F(D^*)]\} = \lambda$。即达到供应链协调状态的零售商的利润为 $\pi_r^* = \lambda$。容易发现，$\psi(Q_4) < \mathcal{R}(\bar{Q}) - \mathcal{R}(Q_4)$，令 $\varepsilon < p[\mathcal{R}(\bar{Q}) - \mathcal{R}(Q_4) - \psi(Q_4)]$，则 $\psi(Q_4) < \alpha$。进一步可以得到关系式 $\psi(\bar{Q}) = \bar{Q}[F(\bar{Q}) - F(Q_4)] > \mathcal{R}(\bar{Q}) - \mathcal{R}(Q_4) > \alpha$。由于 $\psi(Q_4) < \alpha < \psi(\bar{Q})$ 且 $\psi(\cdot)$ 单调连续，因此，必存在唯一的 $D^* \in (Q_4, \bar{Q})$ 使得 $\psi(D^*) = \alpha$，故 $D^* \in (Q_4, \bar{Q})$ 满足 $(p + \omega m^* r) k\mathcal{R}(\bar{Q}) - \omega m^* r\{k\mathcal{R}(D^*) + D^*[1 - F(D^*)]\} = \lambda$。再证供应链协调。由于 $\Phi(D^*) < 0$，$\Phi(D)$ 单调递增，因此，$D^* < \delta$，$Q^* = \bar{Q}$。假设达到协调状态的供应链利润为 π，则 $\pi = \pi_{sc}(Q_1)$。又 $\pi_r^* = \lambda$，因此，协调状态下供应商的利润为 $\pi_m^* = \pi - \lambda$。证毕。

由定义 5.5 可知，便利体验主导情形中，通过使用基于目标销售量的信用契约不仅能够有效激励零售商增加便利服务建设投资，有效改善消费者便利体验，而且能够实现网购供应链协调，提高网购供应链系统的整体运营绩效。此外，值得特别注意的是，该信用契约实现了供应链总利润在节点企业之间的任意分配。在供应链中，总利润任意分配的特征是契约评价的一项重要标准。利润的任意分配保证了协调过程和分配过程的充分独立，提高了契约的科学性和可操作性。

5.3 数值算例

5.3.1 信任体验影响下算例分析

本节利用数值案例对上述结论进行验证，展示基于消费者信任体验的不同网购供应链协调契约参数设置，以及线上零售商的订货决策、投资水平决策和网购供应链各主体利润。参数设置为：线上零售商零售价格 $p=10$，批发价格 $\omega=6$，生产成本 $c=3$，平均资金成本收益率 $r=0.06$，信任投入成本水平系数 $a=1$，市场需求 $x \sim U(0,1)$。

根据定义 5.2 可得 $\tau=0.82$。结合定义 5.1，当 $D<\tau=0.82$ 时，零售商的最优订货量 $Q^*=Q_3=1.96$；当 $D>\tau=0.82$ 时，零售商的最优订货量 $Q^*=Q_2=0.5$。此外，由定义 5.3 可得基于目标销售量的契约设计满足 $D^* \in (0.81, 0.82)$，且达到协调状态的最优订货量 $Q^*=1.96$，$e^*=2.45$。此外，$D<\tau$ 时，不同目标销售量及信用期、回购价格对零售商、供应商和网购供应链利润的影响如表 5-1 所示。图 5-1 直观展示了不同决策对零售商和供应商的利润影响。

表 5-1 基于信任体验的网购供应链协调策略及利润

参数	利用信用契约和回购契约组合					临界状态	只用回购契约		
Q	1.96					(1.96, 0.50)	0.50		
e	2.45					(2.45, 1)	1		
b	1.9	2.0	2.1	2.3	2.4	(2.5, 2)	2		
m	150	157	164	172	181	(181, 0)	0		
D	0.810	0.812	0.814	0.816	0.818	0.820	0.822	0.924	1.000
π_r	1.63	1.40	1.18	0.95	0.73	0.50	0.50	0.50	0.50
π_m	1.25	1.48	1.7	1.93	2.15	(2.38, 1.25)*	1.25	1.25	1.25
π_{sc}	2.88	2.88	2.88	2.88	2.88	(2.88, 1.75)*	1.75	1.75	1.75

* 数值表示当目标销售量为临界值（定义 5.2 中的 τ）时，零售商两种不同决策影响下的供应商和网购供应链利润

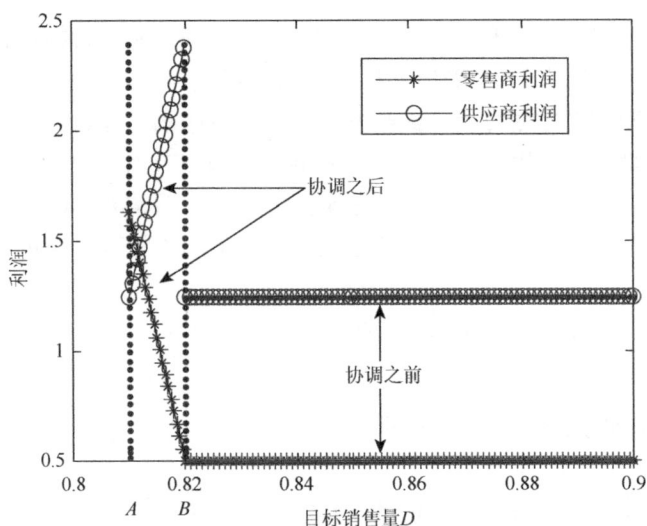

图 5-1　基于信任体验的网购供应链主体利润

通过表 5-1 可以了解到，当顾客信任感知影响市场需求时，单纯使用回购契约难以实现网购供应链协调，而联合使用回购契约和信用契约则可以达到这一目的。相较于前者，后者的订货量大幅提高，网购供应链主体及系统利润均有所增加。这说明，供应商可通过设置合理的契约参数，激励零售商增加信任建设投资，改善消费者信任体验，并帮助零售商缓解资金约束压力，提高订货量，改善供应链绩效。

同样地，在这种机制影响下，通过调整契约适用范围［如 $D \in (0.81, 0.82)$ ］能够调整最优状态下的供应商和零售商的利润分配，如定义 5.3 所述，进一步提高了该契约的可行性。图 5-1 也清晰地展示了不同决策下供应商和零售商的利润变化。在协调区域（AB 段），根据供应商和零售商不同的议价能力，设置不同的目标销售量、信用期及回购价格，实现网购供应链利润的理想分配。网购供应链中的中小微零售商，通常处于供应链的劣势，几乎没有谈判能力，但是仍然可以通过增加信任建设投资的方式，扩大订货量，以达到利用供应商信用融资服务的标准。

综上所述，当网购供应链的消费群体表现为信任体验主导特征时，网购供应链上下游企业应该共同合作，采取有效措施改善消费者的信任体验。例如，电商企业应该增加投资以改进交易安全等方面的相关技术，保障消费者的信息安全和支付安全；加大宣传投资以扩大宣传规模，消除消费者对网购的不确定，鼓励其参与网购；利用 VR、3D 等高新技术提高商品信息披露的完整度和准确性，让消费者充分了解目标商品特性，把握商品质量及匹配度等。通过这些措施，不仅能够引导信任体验主导型潜在消费者开启网购业务，而且能够引导网购消费者使用线上预付服务完成网购交易，从而提高网购供应链绩效。当然，信任体验改善的投资巨大，需要网购供应链上下游企业的共同合作，这也体现出基于信任体验的网购供应链协调及策略研究的重要性。

5.3.2　便利体验影响下算例分析

本节利用数值案例对上述设计的基于便利体验的协调契约有效性进行验证。将结合所得结论，展示基于消费者便利体验的网购供应链协调契约参数、线上零售商的订货决策及网购供应链各主体的利润水平。在本节中，首先设置消费者便利敏感性系数 $k=1$，为提供便利服务而产生的单位运营成本 $h=1$。其他参数设置同信任体验影响下算例分析相同。根据引理 5.1 可得 $\delta=0.58$。利用定义 5.4，当 $D<\delta=0.58$ 时，零售商的最优订货量 $Q^*=Q_1=0.7$；当 $D>\delta=0.58$ 时，零售商的最优订货量 $Q^*=Q_0=0.4$。此外，由定义 5.5 可得供应商基于目标销售量的契约设计满足 $m^*=28$，$D^*\in(0.48,0.58)$。不同决策下零售商、供应商及网购供应链的利润如表 5-2 所示。图 5-2 直观展示了不同决策对零售商和供应商利润的影响。

表 5-2　基于便利体验的网购供应链协调策略及利润

参数	利用信用契约					临界状态	无契约		
Q	0.70					(0.7, 0.4)	0.40		
m	28					(28, 0)	0		
D	0.48	0.50	0.52	0.54	0.56	0.58	0.59	0.70	0.80
π_{r}	1.25	1.15	1.07	0.98	0.89	0.80	0.80	0.80	0.80
π_{m}	1.20	1.30	1.35	1.47	1.56	(1.65, 1.20)*	1.20	1.20	1.20
π_{sc}	2.45	2.45	2.45	2.45	2.45	(2.45, 2.0)*	2.00	2.00	2.00

　　* 数值表示当目标销售量为临界值（定义 5.4 中的 δ）时，零售商两种不同决策影响下的供应商和网购供应链利润

通过表 5-2 可以看出，当使用基于目标销售量的信用契约时，相比于无契约情况，零售商订货量大幅提高，网购供应链主体利润增加，且网购供应链利润达到最高值。如定义 5.5 所述，通过合理制定信用契约，不仅能够激励零售商提供优质的线下支付服务，消除顾客对网购的担忧，而且有助于缓解零售商的资金约束压力，最终实现网购供应链协调，达到双赢状态。

此外，通过在契约适用范围内［如 $D^*\in(0.48,0.58)$］调整目标销售量，能够实现网购供应链总利润在零售商和供应商之间的任意分配，如定义 5.5 所述。垄断型

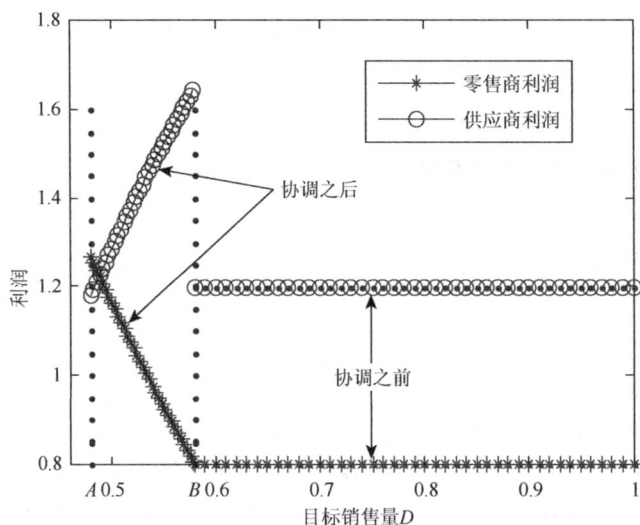

图 5-2　基于便利体验的网购供应链主体利润

的供应商，可以通过在契约适用范围内提高目标销售量，最大化自我利润。当然，如果零售商具有较高的议价能力，则可以要求降低目标销售量，以此提高自己的利润。图 5-2 更加鲜明地展示了目标销售量对供应商和零售商利润的影响，图中 AB 段代表了契约适用范围，从 A 至 B，目标销售量逐渐提高，零售商的利润逐渐减少，供应商的利润逐渐增加。但是，值得注意的是，零售商和供应商在此领域内的利润最低点也都优于契约范围之外的对应值。该结果体现出基于目标销售量的信用契约的应用价值，突出了其较强的操作性和可行性。

5.4　本章小结

　　本章主要研究消费者购物体验影响市场需求时的网购供应链协调策略。考虑到线上预付服务下，信任体验是影响消费者决策的关键，而便利体验在线上预付及线下支付两类支付服务中均具有影响，因此，本章首先分析了基于信任体验的网购供应链协调，继而分析了基于便利体验的网购供应链协调。研究路径基本相似：首先，分析了消费者网购信任感知对网购交易的影响，指出提升网购信任度的方法；其次，设置能够激励零售商增加信任建设投资的激励机制，并利用基于目标销售量的信用契约和回购契约组合实现网购供应链协调，达到网购供应链中供应商和零售商的双赢；再次，分析了当零售商增加便利建设投资以消除消费者对网购便利性的担忧，提高网购交易成功率时，供应商的最优契约参数设置，发现只利用基于目标销售量的信用契约即可实现基于信任体验的服务下的网购供应链协调；最后，通过数值算例对模型结论进行了验证，并利用图和表的方式展示了契约的协调效果。研究发现，无论是考虑信任体验情形下的基于目标销售量的信用契约和回购契约组合，还是考虑便利体验影响下的基于目标销售量的信用契约，都能够实现网购供应链利润在供应商和零售商之间的自由分配，这充分证明了上述基于信任或便利体验的激励机制的可行性和可操作性。

第6章 京东商城网购供应链协调策略案例分析

第3章、第4章对基于消费者购物体验的线上企业最优价格及库存决策进行了研究，得到了实现个体最优的相关运营决策。第5章分别综合分析差异化支付服务影响下的网购供应链决策，发现消费者信任体验和便利体验直接影响网购供应链的最优决策机制与支付服务设计，基于此，分别研究了基于消费者信任体验和便利体验的网购供应链协调策略。本章以国内主要零售电商——京东商城所在网购供应链为背景，首先验证上述所得网购供应链系统决策在实际应用中的有效性，然后，运用本书所得网购供应链协调策略对京东商城网购供应链进行协调管理。

6.1 案例背景介绍

6.1.1 京东商城平台简介

京东是目前中国最大零售商（包括自营、B2C、实体），2017 年 B2C 网络零售市场份额占据全国 B2C 市场销售总额的 32.5%。目前，京东集团旗下设立了多个职能部门，包括京东商城、拍拍网、京东智能、京东金融、京东到家及海外事业部。2014 年 5 月，京东成为国内第一个在美国纳斯达克证券交易所正式挂牌上市的大型综合性网络零售平台企业，并且成功跻身全球前十大互联网公司排行榜。2015 年 7 月，京东因其高成长性入选纳斯达克 100 指数和纳斯达克 100 平均加权指数，成为纳斯达克 100 指数中仅有的两家中国互联网公司之一。

京东商城注重平台建设，先后在上海及广州组建了全资子公司，将华南、华东和华北三点连成一线，在北京、上海、广州、成都、沈阳和西安等地构建六大物流平台，使京东商城自营物流配送网络体系覆盖全国大部分地区；同时，大量投资公司技术建设，提高公司技术实力，改进和完善售后服务、配送服务及市场宣传推广等各方面的软、硬件设施和服务条件。

京东商城为消费者提供丰富的优质商品，包括电脑、手机及其他数码产品等 3C 产品，家用电器，汽车配件与饰物，服装鞋帽，化妆品，家庭生活日用品，食品与营养品，书籍，孕婴用品，儿童玩具，体育用品，健身器材及电子图书类虚拟商品等，能够满足消费者的不同需求，更好地为消费者服务。

京东商城网络平台所销售的商品可以划分为三类：第一类是京东自营商品，即京东商城作为零售商从上游供应商处采购后，将其储存在全国各地的仓库中，待收到订单后，由京东自建物流配送系统将商品直接送达消费者手中；第二类商品，其采购与销售均与京东商城无关，但是配送服务交由京东商城物流配送系统来完成，即零售商在京东平台进行销售，收到订单后通知京东商城物流配送系统进行拣货、发货、送货服务；第三类商品的销售过程中，京东商城只是起着零售平台的作用，与采购、销售、配送过程没有关系。

6.1.2　平台支付服务简介

为了保障消费者的购物体验，京东商城在线上预付服务基础之上，又为消费者推出了货到付款支付服务。货到付款支付服务，已经成为京东商城的特色服务标志，是其主要营销方式之一。京东商城的货到付款服务就是买家收到货，验货后再付款，是一种安全、便捷、时尚的支付和物流方式。目前支持现金支付、支票支付及 POS 机刷卡支付。该服务具有一定的保障，包括见货付款更安全，无需网银更便捷等。由此可见，京东商城非常注重消费者网购过程中的信任体验和便利体验。

京东商城在全国大部分城市中开通了货到付款支付服务，借助其完善的物流配送系统，京东商城货到付款支付服务大大提高了网购消费者对该平台的信任度，有效增加了企业的销售量。据 2018 年第三季度业绩核心数据，京东集团成交总额（gross merchandise volume，GMV）达到 3948 亿元，同比快速增长 30%。其中，第三方平台 GMV 净收入 1048 亿元人民币（约 153 亿美元），同比增长 40%。第三季度净服务收入为 109 亿元人民币（约 16 亿美元），同比大幅增长 49.4%。京东自营大型仓库 550 多个，总面积达 1190 万平方米。2018 年 9 月，京东 PLUS 注册在籍会员超过 1000 万名，成为拥有最大规模付费会员的中国电商。

线上预付服务下，不同消费者的信任体验和便利体验也不相同。目前，京东商城推出的线上预付支持京东白条、余额、快捷支付、银行卡、网银支付、微信、银联在线、网银钱包、信用卡分期等方式，消费者可根据自己的使用喜好进行选择。京东商城对快捷支付的定义为"快捷支付（含卡通）是一种安全、便捷的支付方式，对您的银行卡信息和身份信息进行校验，校验成功后即可开通。开通成功后，输入支付密码即可轻松完成付款"。这些特性体现了京东商城对消费者便利体验的重视。在信任安全方面，京东商城指出，快捷支付具有安全保障，主要途径包括信息加密、智能安检、资金全额承保等，体现出对消费者信任感知的重视。

不仅京东商城这一家电商企业意识到了消费者购物体验的重要性，其他很多电商平台，也通过多种措施来缓解消费者对网购的担忧。例如，货到付款同样是唯品会为消费者提供的一项特色服务，其自营商品几乎全部实现货到付款。唯品会也推出多种线上预付方式，包括快捷支付、网银支付、支付宝支付及信用卡支付等。目前，唯品会主推快捷支付，并在官方网页上详细描述其使用方法："首先，选择在线支付方式，只需拥有银行卡就可以使用快捷支付；然后，绑定手机获取验证码，支付安全又便捷；最后，就坐等货物到家，就是这么便捷。"线上预付确实具有便捷性，然而，很多消费者仍然担心支付安全、个人信息安全等方面的问题。为此，唯品会特意指出，其快捷支付服务受多重安全措施的保障，包括：资金安全由太平洋保险承保极速全额赔付；采用国际银行卡支付安全标准，第三方支付行业数据安全标准（PCI DSS）安全认证；实时短信验证，安全密码保护。为突出其便利性，还指出快捷支付是一种极速支付体验，2 秒即可开通，10 秒完成支付。足见唯品会对支付服务的重视，也从一定程度上反映出支付方式对消费者的深刻影响。

6.2　京东商城网购供应链结构

实践中，京东商城零售网络平台的经营模式主要包括两类：以销售自营商品为主的买卖模式；以提供商品配送服务、展示服务为主的平台模式。不同经营模式下京东商城网购供应链结构不同，进而影响网购供应链的管理。两种不同经营模式下的网购供应链结构如图 6-1 和图 6-2 所示（仅考虑销售业务相关主要成员）。

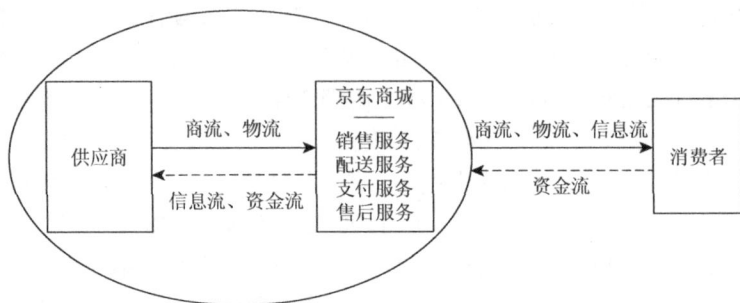

图 6-1　基于自营业务的京东商城网购供应链结构

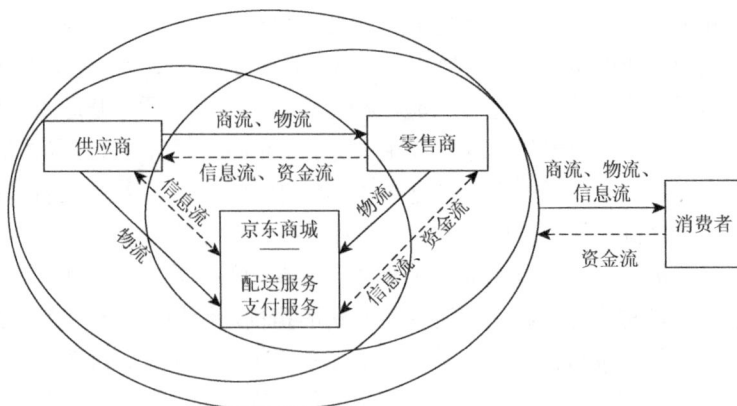

图 6-2　基于非自营业务的京东商城网购供应链结构

　　由图 6-1 可以发现，基于自营业务的京东商城网购供应链结构可以视为由单一供应商和单一零售商组成的网购供应链，这与本书建立的网购供应链结构相符合。在非自营业务中，如图 6-2 所示，京东商城作为销售的辅助方，虽然不直接参与网购销售，但是其服务水平对网购销售业务的成败非常关键，且其收入与供应商零售收入密切相关，因此，可以令京东商城与供应商作为一个主体，或者与零售商作为一个主体，将非自营业务下复杂的网购供应链结构简化为由单一零售商和单一供应商组成的网购供应链结构。京东商城与供应商或零售商所组成的混合主体内部收益可以根据利益共享等方式进行分配。由此可见，本书所构建的网购供应链均衡模型和协调模型适用于京东商城网购供应链。

　　网购交易是以消费者为导向的，各电商企业也是基于这个准则进行商品、服务设计。因此，在分析网购供应链策略时，应该考虑网购消费者的购物体验。信任体验和便利体验是网购过程中影响消费者购物行为的主要因素，因此，在制定运营决策时，电商企业应该考虑这些购物体验的影响。基于此，本书第 3 章、第 4 章分别在考虑不同支付方式对消费者购物体验、购物行为影响的基础之上，分析了线上零售商的最优价格及价格和库存联合决策；第 5 章基于消费者购物体验，以网购供应链系统中供应商和零售商为研究对象，对网购供应链进行了协调研究，得到了能够改善消费者购物体验的协调策略。利用信用契约和回购契约进行网购供应链协调，与实践也是非常吻合的。在基于非自营业务的京东商城网购供应链中，下游零售商通常是中小微企业，还有众多个人创业者，因此，他们普遍存在资金约束的问题；加之商家层次不齐，产品属性差异大，降低了消费者对非自营商品及服务的信任度，因此，也需要增加改善消费者购物体验方面的投资。本书设计的激励机制能够很好地帮助京东商城小微零售商提高可信度，扩大市场规模。基于自营商品的京东商城供应链，虽然资金流通率较高，但因物流配送系统的维护、库存的仓储与管理等需要耗费大量资金，因此，延迟支付采购货款也是他们经常使用的方式。

6.3　京东商城网购供应链协调策略

6.3.1　原始数据采集及分析

　　根据京东商城 2014 年年报数据及官方网站公布的数据，整理汇总出其在 2014 年的财务状况（如净利润、营业收入等），如表 6-1 所示。

表 6-1　2014 年京东商城利润表（万元）

项目	利润
企业营业收入	10 160 000
履约成本	810 000
营销成本	400 000
技术与内容成本	180 000
净亏损	−500 000

以京东商城在售的某国际品牌益智玩具为例，结合京东商城的各项服务条款及收费标准，将各相关参数展示如表 6-2 和表 6-3 所示，供应商相关成本参数如表 6-4 所示。

表 6-2　京东商城消费者费用表（元）

项目	费用
购买价格	399
商品价值	420
偏好程度	0.95
配送运费	10
退货成本	1
货到付款服务费	0
购买成本	1
交易成本	0～3

表 6-3　京东商城运营费用表（元）

项目	费用
商品残值	260
配送费用	2
退货交易成本	3
零售价格	399

表 6-4　京东商城上游供应商成本费用表（元）

项目	费用
商品残值	260
生产成本	250

在表 6-1 中，履约成本主要指向商城商家提供快递服务，以及向小城市扩展履约基础设施而产生的成本；技术与内容成本主要指技术员工的费用。京东商城为消费者提供线下支付服务而产生的单位服务建设成本将会影响这两项成本的构成。因此，本书将该单位服务建设成本定义为：线下支付服务所占支付市场比例×商品销售价格×（履约成本+技术与内容成本）/企业营业收入。其中，线下支付服务所占支付市场比例预估约为 20%。

在表 6-2 中，用该国际品牌益智玩具在近 6 个月内的平均价格作为网购消费者对该产品的评估价值，以既有消费者对该商品的好评率作为消费者对该商品的偏好程度。由于京东商城自营物流，能够自己收取货款，因此不会向消费者额外收取货到付款服务费。与之不同，天猫平台出售的货到付款产品，通常需要根据不同物流公司收取一定比例的服务费。

6.3.2　基于信任和便利体验的网购供应链协调策略

信任是一切经济活动的基础。虽然网购已经成为众多消费者生活中的一项重要活动，然而，国内仍然存在约 30%的网民还未参与网购。影响他们成为网购消费者的一个主要原因，是他们对网购交易不信任，包括网购商品的质量、匹配度及信息安全、支付安全等。虽然网购已经成为人们生活中的一项重要活动，然而，即使经常网购的消费者也并非所有需求都通过网购来解决。例如，生活日用品、油盐酱醋茶等，大多数消费者还是习惯去附近的商店购买，其主要原因就在于便利性。这表示，在具体实践中，信任体验和便利体验影响消费者行为的现象非常普遍。以表 6-2 中某国际品牌益智玩具为例，不经常在京东商城网购的消费者可能会担忧玩具的质量、匹配度等，其信任感知将会影响其购物决策；认可京东商城或者经常参与网购的消费者可能又会担心该玩具配置参数、属性等与预期不符而引起的退货、退款麻烦等，即便利体验也会影响网购行为。

不同支付服务的顺利开展需要网购供应链上下游企业的积极合作，需要有效的网购供应链管理。通过分析以上数据，利用第 5 章相关结论，以京东商城供应链为例，分析基于信任体验和便利体验的网购供应链协调策略。

首先，分析基于信任体验的京东商城网购供应链协调策略。由于线上预付服务相关的企业运营成本较线下支付服务更低，且当消费者对两种支付服务的感知信任差异值足够小时，支付市场将基本全部由线上预付方式组成，因此，供应链企业可以通过改善网购消费者的信任体验，引导消费者由线下预付向线上预付转移，进而减少供应链运营成本，提高供应链利润。实践中，京东商城网购供应链就是这样运营的，通过推出货到付款服务吸引潜在消费者，同时通过广告营销方式增强消费者的信任感知。第 4 章设计了一项针对线上消费者信任体验的激励机制，即利用基于目标销售量的信用契约和回购契约组合，激励线上零售商增加信任建设投入，改善消费者信任购物感知和购物体验，以引导支付市场多元化向单一化发展，同时提高线上企业的绩效，增强网购供应链的竞争力。

基于上述数据，结合定义 5.1、定义 5.2 及定义 5.3 能够得到，基于消费者信任体验影响，京东商城的最优订货量应该满足 $Q=1.98$（市场规模为 1），在消费者购物体验方面的投资水平应该为 $e=2.22$。上游供应商的契约参数设置分别为：回购价格 $b \in [60, 65]$，信用期 $m \in [120, 126]$ 天，目标销售量为 $D \in [0.82, 0.83]$。协调状态下的京东商城供应链总利润为 401～408，其上游供应商利润为 202～281。两者均高于非协调状态下的利润，即这种基于消费者信任体验的激励机制能够实现京东商城网购供应链的协调，并且，能够实现网购供应链利润在线上零售商和供应商之间的任意分配。当网购供应链达到协调状态时，明显发现京东商城的利润比上游供应商略低，即上游供应商的获利能力更强。这与双方的议价能力有关，与电商平台发展状况也有相当关系。在电商平台运营初期，平台的知名度低、影响力小、产品较单一、服务相对不完善，此时，平台通常会以较优惠的方式吸引各大品牌入驻商城。尤其面对国内外知名大品牌时，电商平台的议价能力就会降低，供应商的获利空间变大。不过，随着电商平台产品和服务种类的增多，以及宣传力度的加大，平台知名度逐渐提高，影响力逐渐加大，销售规模不断扩大，平台在网购供应链中的地位也逐步上升。当双方势均力敌时，更应该注重网购供应链管理，保障消费者的权益。

其次，从消费者便利体验角度分析京东商城网购供应链协调策略。京东商城自营商品通常会提供货到付款支付服务，而此项服务的诞生主要是为了便利消费者的网购交易。当几乎全部消费者购买商品都选择货到付款支付服务时，线上供应商应该采取一定的措施以激励线上零售商开通货到付款支付服务。在日常生活中，学生消费群体、老年消费群体及三线以下城市、农村消费者网购时，通常会优先选择货到付款支付服务。这是因为这类消费者的便利成本偏低，货到付款对他们来说是方便快捷的。由此可见，消费者需要便利的网购服务，那么，供应链企业就应该为网购消费者提供便利服务，如设置自动取货柜、建立代收点等。根据第 5 章的结论，当既有消费者选择线上预付，又有消费者选择线下支付时，影响支付方式选择的只是消费者对网购交易的信任体验。但是，当便利成本足够低时，支付市场将出现两种局面：所有的消费者或者都选择线上预付，或者都选择线下支付。关于通过增强消费者信任感知以引导其从线下支付向线上预付转移的协调策略已经在前文分析，此处不再赘述。那么，当所有消费者因其满意的信任和便利体验而都选择线上预付服务时，网购供应链运营成本降低，利润增加。因此，线上预付服务尤其需要更多的便利服务建设投资。所以，本书建议线上供应商提供一种激励机制，即利用基于目标销售量的信用契约，允许京东商城延迟支付采购货款，以此激励其增加便利服务建设方面的投入，完善消费者便利购物体验，扩大市场规模，增加订货量。通过对上述数据进行分析，结合定义5.5，能够近似得到基于消费者便利体验的网购供应链协调策略。当达到网购供应链协调状态时，京东商城的最优订货量应该满足 $Q = 2.27$（市场规模为1），上游供应商的契约参数设置分别为：信用期 $m \in [120, 162]$ 天，目标销售量为 $D \in [0.82, 0.83]$，协调状态下京东商城利润为 $[193, 227]$，供应商利润为 $[322, 357]$，均高于非协调状态下的利润。也就是说，这种基于消费者便利购物体验的激励机制能够实现网购供应链的协调，并且能够实现网购供应链利润在线上零售商和供应商之间的任意分配。值得注意的是，当网购供应链达到协调状态时，相较于线上预付情形，线上供应商的获利能力相对增强，京东商城的获利空间有所减小。这是因为，京东商城为完善消费者便利购物体验，使用大量资本投入其平台、物流、配送系统建设。京东商城是全国电商平台中员工最多、缴税最多的企业之一。其自营物流配送系统需要雄厚的资金链维持。因此，尽管货到付款支付服务及其他便利服务明显提高了京东商城的可信度，也方便了诸如学生、老年及三线以下城市、农村消费群体的网购交易，市场规模逐步扩大，订货量也不断增加，但是企业为保障消费者体验而产生的成本较大，企业获利空间有限。这也是国内迄今只有京东商城、唯品会两家大型购物平台为绝大多数商品开通货到付款支付服务的主要原因。开展便利服务建设项目更加需要完善的网购供应链管理，因此，提醒相关电商企业在开通该项服务之前应该做好充足的准备。

本章主要以京东商城所在网购供应链为研究对象进行网购供应链协调策略研究，事实上，天猫商城网购供应链及唯品会网购供应链都适用本章研究结论。由于网购供应链以消费者购物体验为导向，无论哪一种供应链结构，其服务和商品都围绕消费者购物体验展开，因此，在制定策略时都应该首先考虑消费者购物体验对网购供应链的影响。实践中，网购供应链节点企业之间进行非合作博弈的情况较为普遍，个体最优的均衡策略应用广泛，如第3章、第4章所述。但是，网购环境下供应链节点企业联系更加密切，更加需要企业之间的合作，以提高网购供应链竞争力。因此，网购供应链协调管理应用前景更加广泛，第5章所述内容能够为网购供应链管理者进行协调管理提供很好的建议。

京东商城推出的双支付模式能够有效改善消费者的信任体验和便利体验。货到付款支付服务也有助于农村电商的发展。农村网购消费者的交易成本普遍不高，但是，对网络操作的不熟悉、对传统购物方式的依赖，以及对虚拟网络购物的不信任等，使得他们对网购交易望而却步。然而，农村网购市场十分庞大，值得电商企业深入挖掘。在此，商家可以利用货到付款支付服务缓解农村消费者的购物担忧，引导他们逐渐使用网购。事实上，各大电商平台早已发现这片"蓝海"。据中商产业研究院发布的《2018—2023年中国农村电商行业市场前景及投资机会研究报告》，2017 年农村网络零售额达到 12 448.8 亿元，同比增长 39.1%；农村电商网络零售额占全国网络零售额的比例不断飙升，由 2014 年的 6.45%，上升到 2017 年的 17.35%；截至 2017 年 12 月，我国农村网民占比为 27%，规模为 2.09 亿人，较 2016 年底增加 793 万人，增幅为 4.0%；城镇网民占比 73%，规模为 5.63 亿人，较 2016 年底增加 3281 万人，增幅为 6.2%。另外，农村互联网普及率上升至 35.4%。2018 年中国淘宝村数量超过 3200 个，有力促进了农村网购市场的发展。实质上，淘宝村的存在形式与货到付款支付服务相似，即通过在村里设立淘宝点，帮助农村消费者网上购物，且等消费者收到货物满意后方支付商品价款。阿里巴巴也是通过这种方式改善消费者的购物体验，引导他们逐渐习惯、喜欢网购业务。

继阿里巴巴之后，京东商城也开始在三线以下城市、县城、乡镇及农村布局，以开拓农村网购业务的发展。例如，升级京东配送站为自营性县级服务中心，在很多地方推出"京东帮"服务店等，这些举措有助于将京东商城的业务无缝覆盖到全国各地的县乡级农村市场，使得农村网购消费者可以跟城里人一样在京东商城以优惠的价格买到可靠的商品。而京东货到付款支付服务恰是引导农村消费者参与网购的有效方式。

与第 3 章所得关于服务建设成本的相关结论一致，双支付模式更优的主要原因在于京东商城建立了专属的物流配送体系，且在全国多处设置大型仓库，有效控制了服务建设成本。事实上，在京东商城开展双支付模式初期，服务建设成本偏高，其盈利空间非常有限。由此可见，对于一些资金紧张的小微电商零售企业，其开展双支付模式的难度也很大。因此，需要进行网购供应链协调，通过上下游合作形式为消费者提供更好的服务，拉动消费，提高各主体利润。

6.4　本 章 小 结

本章针对国内典型的 B2C 网络零售平台——京东商城的支付服务设计及其所在网购供应链的均衡与协调策略进行了案例分析。首先，对京东商城平台的背景及其提供的支付服务进行了探讨，对平台所在网购供应链进行了分析，提出了京东商城网购供应链的基本结构，并对相关数据进行了搜集、整理和分析；然后，结合京东商城既具自营模式又具平台模式的特性，分别基于消费者信任体验和便利体验两个角度，对京东商城网购供应链进行协调管理，得到了实现网购供应链协调的各主体协调策略，为网购供应链管理者提供了理论指导。

参 考 文 献

但斌，徐广业，张旭梅. 2012. 电子商务环境下双渠道供应链协调的补偿策略研究[J]. 管理工程学报，26（1）：125-130.

杜文意，艾兴政，刘晓婧. 2014. 基于部分延迟支付期限的易损品经济批量订货模型研究[J]. 管理工程学报，28（3）：209-217.

胡一竑，李学迁，张江华，等. 2012. 网购供应链网络均衡模型研究[J]. 运筹与管理，21（4）：34-40.

计国君，杨光勇. 2011. 顾客体验之于新产品供应链协调的影响[J]. 管理科学学报，24（11）：10-18.

李东进，吴波，李研. 2013. 远程购物环境下退货对购后后悔影响研究[J]. 南开管理评论，16（5）：77-89.

刘辰. 2015. 买卖宝张小玮：还在刷墙就 LOW 爆了，农村用户比你有钱、有闲，还敢花！http://www.cyzone.cn/article/126506.html[2017-12-06].

马利军，薛巍立，王汝现. 2013. 零售商销售努力竞争时的供应链协调[J]. 系统管理学报，22（5）：808-813.

石岿然，盛昭瀚，马胡杰. 2014. 双边不确定性条件下供应商质量投资与零售商销售努力决策[J]. 中国管理科学，22（1）：37-44.

汪峻萍，杨剑波，贾兆丽. 2013. 基于无缺陷退货的网上销售易逝品供应链协调模型[J]. 中国管理科学，21（6）：47-56.

王法涛，苑春荟. 2013. 网上零售服务供应链模型构建及协同机制[J]. 中国流通经济，27（7）：14-20.

王慧，李欣章. 2016. 我国城乡居民收入影响因素分析研究[J]. 山东社会科学，（8）：174-178.

王陆玲，王国锋，赖明勇，等. 2013. 基于分期付款的服务供应商合作意愿甄别研究[J]. 中国管理科学，21（1）：118-124.

王文利，骆建文. 2014. 交易信用与资金约束下两阶段零售商订货策略[J]. 系统工程理论与实践，（2）：304-312.

谢爱平，刘文俊，丁琳. 2014. 互联网快捷支付用户接受影响因素分析[J]. 统计观察，（14）：90-92.

徐最，朱道立，朱文贵. 2008. 销售努力水平影响需求情况下的供应链回购契约[J]. 系统工程理论与实践，4（4）：1-11.

晏妮娜，黄小原，刘兵. 2007. 电子市场环境中供应链双源渠道主从对策模型[J]. 中国管理科学，15（3）：98-102.

杨青，钱新华，庞川. 2011. 顾客网络信任与网上支付风险感知实证研究[J]. 统计研究，（10）：89-97.

姚建明. 2015. 基于服务能力均衡的网购供应链资源整合决策[J]. 中国管理科学，23（10）：88-97.

曾顺秋，骆建文. 2015. 基于数量折扣的供应链交易信用激励机制[J]. 系统管理学报，24（1）：85-90.

张磊，彭惠. 2011. 基于第三方支付的货到付款机制研究[J]. 情报杂志，（S2）：247-253.

张义刚，唐小我. 2011. 延迟支付下短生命周期产品批发价契约研究[J]. 中国管理科学，19（3）：63-69.

朱道立，胡一竑，徐最. 2011. 网购供应链中的竞争和协调若干问题研究[J]. 上海理工大学学报，33（3）：248-252.

Aggarwal S P，Jaggi C K. 1995. Ordering policies of deteriorating items under permissible delay in payments[J]. Journal of Operation Research Society，46（5）：658-662.

Akcay Y，Boyaci T，Zhang D. 2013. Selling with money-back guarantees: The impact on prices，quantities，and retail profitability[J]. Production and Operations Management，22（4）：777-791.

Albert L J，Aggarwal N，Hill T R. 2014. Influencing customer's purchase intentions through firm participation in online customer communities[J]. Electronic Markets，24（4）：285-295.

Balakrishnan A，Sundaresan S，Zhang B. 2014. Browse-and-switch: retail online competition under value uncertainty[J]. Production and Operations Management，23（7）：1129-1145.

Bergemann D，Pesendorfer M. 2007. Information structures in optimal auctions[J]. Journal of Economic Theory，137（1）：580-609.

Bernstein F，Federgruen A. 2007. Coordination mechanisms for supply chains under price and service competition[J]. Manufacturing & Service Operations Management，9（3）：242-262.

Boyaei T. 2005. Competitive stocking and coordination in a multi-channel distribution system[J]. IIE Transactions，37（5）：407-427.

Broos A. 2005. Gender and information and communication technologies（ICT）anxiety: male self-assurance and female hesitation[J]. Cyber Psychology & Behavior，8（1）：21-31.

Cai G. 2010. Channel selection and coordination in dual-channel supply chains[J]. Journal of Retailing，86（1）：22-36.

Cai G G，Chen X，Xiao Z. 2014. The roles of bank and trade credits: Theoretical analysis and empirical evidence[J]. Production and Operations Management，23（4）：583-598.

Cattani K D，Gilland W G，Swaminathan J M. 2006. Boiling frogs: pricing strategies for a manufacturer adding a direct channel that competes with the traditional channel[J]. Production and Operations Management，15（1）：40-57.

Chandra S，Srivastava S C，Theng Y L. 2010. Evaluating the role of trust in consumer adoption of mobile payment systems: an empirical analysis[J]. Communications of the Association for Information Systems，27：561-588.

Chen J，Zhang H，Sun Y. 2012. Implementing coordination contracts in a manufacturer Stackelberg dual-channel supply chain[J]. Omega，40（5）：571-583.

Chen K Y, Kaya M, Özer-Özalp. 2008. Dual sales channel management with service competition[J]. Manufacturing & Service Operations Management, 10(4): 654-675.

Chen L，Kok A，Tong J. 2013. The effect of payment schemes on inventory decisions: The role of mental accounting[J]. Management Science，59（2）：436-451.

Chen S C，Teng J T，Skouri K. 2014. Economic production quantity models for deteriorating items with up-stream full trade credit and down-stream partial trade credit[J]. International Journal of Production Economics，（155）: 302-309.

Chen X, Shen Z. 2012. An analysis of a supply chain with options contracts and service requirements[J]. IIE Transactions, 44（10）: 805-819.

Chiang W K, Chhajed D, Hess J D. 2003. Direct marketing, indirect profits: A strategic analysis of dual-channel supply-chain design[J]. Management Science, 49（1）: 1-20.

Chiejina C, Soremekun E. 2014. Investigating the significance of the 'pay on delivery' option in the emerging prosperity of the Nigerian ecommerce sector[J]. Journal of Marketing and Management, 15（1）: 120-135.

Chiu C M, Wang E T G, Fang Y H, et al. 2014. Understanding customers' repeat purchase intentions in B2C e-commerce: The roles of utilitarian value, hedonic value and perceived risk[J]. Information Systems Journal, 24（1）: 85-114.

Clemes M D, Gan C, Zhang J. 2014. An empirical analysis of online shopping adoption in Beijing, China[J]. Journal of Retailing and Consumer Services, 21（3）: 364-375.

Dan L, Jing Z. 2011. TAM-based study on factors influencing the adoption of mobile payment[J]. China Communications, 8（3）: 198-204.

Davis L, Wang S, Lindridge A. 2008. Culture influences on emotional responses to on-line store atmospheric cues[J]. Journal of Business Research, 61（8）: 806-812.

Du R, Banerjee A, Kim S L. 2013. Coordination of two-echelon supply chains using wholesale price discount and credit option[J]. International Journal of Production Economics, 143（2）: 327-334.

Francisco L, Francisco M, Juan S. 2015. Payment systems in new electronic environments: consumer behavior in payment systems via SMS[J]. International Journal of Information Technology & Decision, 14（2）: 421-449.

Goyal S K. 1985. Economic order quantity under conditions of permissible delay in payments[J]. Journal of the Operational Research Society, 36（4）: 335-338.

Griffisa S E, Rao S, Golodsby T J, et al. 2012. The customer consequences of returns in online retailing: An empirical analysis[J]. Journal of Operations Management, 30（4）: 282-294.

Grüschow R M, Brettel M. 2018. Managing payment transaction costs at multinational online retailers. International Journal of Electronic Commerce, 22（1）, 125-157.

Grüschow R M, Kemper J, Brettel M. 2016. How do different payment methods deliver cost and credit efficiency in electronic commerce [J]? Electronic Commerce Research & Application, 18: 27-36.

Gupta D, Wand L. 2009. A stochastic inventory model with trade credit[J]. Manufacturing & Service Operations Management, 11（1）: 4-18.

Heydari J. 2014. Coordinating supplier's reorder point: A coordination mechanism for supply chains with long supplier lead time[J]. Computers & Operations Research, 48: 89-101.

Ho C W. 2014. Consumer behavior on Facebook: Does consumer participation bring positive consumer evaluation of the brand [J] ? EuroMed Journal of Business, 9（3）: 252-267.

Hsiao L, Chen Y J. 2012. Returns policy and quality risk in e-business[J]. Production and Operations

Management，21（3）：489-503.

Hsiao L，Chen Y J. 2014. Return policy：Hassle free or your money back guarantee?[J]. Naval Research Logistics（NRL），61（5）：403-417.

Hua G，Wang S，Cheng T. 2010. Price and lead time decisions in dualchannel supply chains[J]. European Journal of Operational Research，205（1）：113-126.

Hviid M，Shaffer G. 1999. Hassle Costs：The achilles' heel of price-matching guarantees[J]. Journal of Economics & Management Strategy，8（4）：489-521.

Hwang R，Shiau S，Jan D. 2007. A new mobile payment scheme for roaming services[J]. Electronic Commerce Research and Applications，6（2）：184-191.

iResearch. 2014. Survey report of the data of online retail in China[OL]. http://report.iresearch. cn/2201.html[2015-06-07].

Iyer G，Kuksov D. 2012. Competition in consumer shopping experience[J]. Marketing Science，31（6）：913-933.

Jamal A，Sarker B R，Wang S. 1997. An ordering policy for deteriorating items with allowable shortage and permissible delay in payments [J]. Journal of Operation Research Society，48（8）：826-833.

Jennifer K R，Daewon S，Zhao X Y. 2012. Competition and coordination in online marketplaces[J]. Production and Operations Management，21（6）：997-1014.

Kahneman，D，Tversky，A. 1979. Prospect theory：An analysis of decision under risk[J]. Econometrica：Journal of the Econometric Society，47（2）：263-291.

Katok E，Thomas D，Davis A. 2008. Inventory service-level agreements as coordination mechanisms：the effect of review periods[J]. Manufacturing & Service Operations Management，10（4）：609-624.

Kaya O. 2011. Outsourcing vs. in-house production：a comparison of supply chain contracts with effort dependent demand[J]. Omega，39（2）：168-178.

Kim C，Wang T，Shin N，et al. 2010. An empirical study of customers' perceptions of security and trust in e-payment systems[J]. Electronic Commerce Research and Applications，9（1）：84-95.

Klee E. 2008. How People Pay：Evidence from grocery store data[J]. Journal of Monetary Economics，55（3）：526-541.

Kouvelis P，Zhao W. 2012. Financing the newsvendor：supplier vs. bank，and the structure of optimal trade credit contracts[J]. Operations Research，60（3）：566-580.

Kurata H，Yao D，Liu J. 2007. Pricing policies under direct vs. indirect channel competition and national vs. store brand competition[J]. European Journal of Operational Research，180（1）：262-281.

Lee C H，Rhee B. 2010. Coordination contracts in the presence of positive inventory financing costs[J]. International Journal of Production Economics，124（2）：331-339.

Lee L，Tsai C I. 2014. How price promotions influence post purchase consumption experience over time[J]. Journal of Consumer Research，40（5）：943-959.

Li D，Chau P，Lai F. 2010. Market orientation，ownership type，and e-business assimilation：evidence from Chinese firms[J]. Decision Sciences，41（1）：115-145.

Liu W H，Xie D. 2013. Quality decision of the logistics service supply chain with service quality guarantee[J]. International Journal of Production Research，51（5）：1618-1634.

Liu W H, Xie D, Xu X C. 2013. Quality supervision and coordination of logistic service supply chain under multi-period conditions[J]. International Journal of Production Economics, 142 (2): 353-361.

Liu X, He M, Gao F, et al. 2008. An empirical study of online shopping customer satisfaction in China: a holistic perspective[J]. International Journal of Retail & Distribution Management, 36 (11): 919-940.

Lu Y B, Shui Q Y, Chau P Y K, et al. 2011. Dynamics between the trust transfer process and intention to use mobile payment services: A cross-environment perspective[J]. Information & Management, 48 (8): 393-403.

Lu Z, Zhao J, Chi M. 2010. Antecedents and consequences of e-supply chain coordination capability for enterprises: an empirical study in China[J]. International Journal of Networking & Virtual Organisations, 10 (3/4): 361-373.

Luo J, Ba S, Zhang H. 2012. The effectiveness of online shopping characteristics and well-designed websites on satisfaction[J]. MIS Quarterly, 36 (4): 1131-1144.

Mazaheri E, Richard M O, Laroche M. 2012. The role of emotions in online consumer behavior: a comparison of search, experience, and credence services[J]. Journal of Services Marketing, 26 (7): 535-550.

Michael D, Clemes C G, Zhang J L. 2014. An empirical analysis of online shopping adoption in Beijing, China[J]. Journal of Retailing and Customer Services, 21 (3): 364-375.

Moorthy S, Srinivasan K. 1995. Signaling quality with a money-back guarantee: The role of transaction costs[J]. Marketing Science, 14 (4): 442-466.

Morris M G, Venkatesh V. 2000. Age differences in technology adoption decisions: implications for a changing work force[J]. Personnel Psychology, 53 (2): 375-403.

Muth J F. 1961. Rational expectations and the theory of price movements[J]. Econometrica: Journal of the Econometric Society, 29 (3): 315-335.

Ofek E, Katona Z, Sarvary M. 2011. "Bricks & Clicks": The impact of product returns on the strategies of multi-channel retailers[J]. Marketing Science, 30 (1): 42-60.

Osmonbekov T, Bello D, Gilliland D. 2009. The impact of e-business infusion on channel coordination, conflict and reseller performance[J]. Industrial Marketing Management, 38 (7): 778-784.

Patrick V M, Park C W. 2006. Paying before consuming: Examining the robustness of consumers' preference for prepayment[J]. Journal of Retailing, 82 (3): 165-175.

Pentina I, Hasty R. 2009. Effects of multichannel coordination and e-commerce outsourcing on online retail performance[J]. Journal of Marketing Channels, 16 (4): 359-374.

Prelec D, Loewenstein G. 1998. The red and the black: Mental accounting of savings and debt[J]. Marketing Science, 17 (1): 4-28.

Ramanathan R. 2011. An empirical analysis on the influence of risk on relationships between handling of product returns and customer loyalty in E-commerce[J]. International Journal of Production Economics, 130 (2): 255-261.

Raoa S, Rabinovich E, Raju D. 2014. The role of physical distribution services as determinants of product returns in Internet retailing[J]. Journal of Operations Management, 32 (6): 295-312.

Richard M O，Chebat J C，Zhi Y，et al. 2010. A proposed model of online consumer behavior：Assessing the role of gender[J]. Journal of Business Research，63（9-10）：926-934.

Schierz P G，Schilke O，Wirtz B W. 2010. Understanding consumer acceptance of mobile payment services：An empirical analysis[J]. Electronic Commerce Research and Applications，9（3）：209-216.

Schumacher P，Morahan M J. 2001. Gender，Internet and computer attitudes and experiences[J]. Computers in Human Behavior，17（1）：95-110.

See-To E W，Papagiannidis S，Westland J C. 2014. The moderating role of income on consumers' preferences and usage for online and offline payment methods[J]. Electronic Commerce Research，14（2）：189-213.

Sethi S P，Yan H，Zhang H，et al. 2007. A supply chain with a service requirement for each market signal[J]. Production and Operations Management，16（3）：322-342.

Shafir E，Thaler R H. 2006. Invest now，drink later，spend never: On the mental accounting of delayed consumption[J]. Journal of Economic Psychology，27（5）：694-712.

Shulman J D，Coughlan A T，Savaskan R C. 2009. Optimal restocking fees and information provision in an integrated demand-supply model of product returns[J]. Manufacturing & Service Operations Management，11（4）：577-594.

Shuman J D，Cunha M，CLAIR J K S. 2015. Consumer uncertainty and purchase decision reversals：theory and evidence[J]. Marketing Science，34（4）：590-605.

Shuman J，Coughlan A，Canan S R. 2011. Managing consumer returns in a competitive environment[J]. Management Science，57（2）：347-362.

Sieke M A，Seifert R W，Thonemann U W. 2012. Designing service level contracts for supply chain coordination[J]. Production and Operation Management，21（4）：698-714.

Su X，Zhang F. 2008. Strategic customer behavior，commitment，and supply chain performance. Management Science，54（10）：1759-1773.

Swaminathan J M，Tayur S R. 2003. Models for supply chains in e-business [J]. Management Science，49（10）：1387-1406.

Taleizadeh A A，Pentico D W，Saeed J M，et al. 2013. An EOQ model with partial delayed payment and partial backordering[J]. Omega，41（2）：354-368.

Thaler R H. 1980. Toward a positive theory of consumer choice[J]. Journal of Economic Behavior & Organization，1（1）：39-60.

Tsay A A，Agrawal N. 2004. Channel conflict and coordination in the e-commerce age[J]. Production and Operations Management，13（1）：93-110.

Tversky D，Kahneman D. 1981. The framing of decisions and the psychology of choice[J]. Science，211（4481）：453-458.

van der Heide B，Johnson B K，Vang M H. 2013. The effects of product photographs and reputation systems on consumer behavior and product cost on eBay[J]. Computers in Human Behavior，29（3）：570-576.

Vouchercloud. 2014. Info graphic：Consumer psychology and the e-commerce checkout[OL]. http:// www.marketingmagazine.co.uk/article/1227394/infographic-consumer-psychology-e-commercecheckout[2015-06-07].

Wang Y, Wallace S W, Shen B, et al. 2015. Service supply chain management: A review of operational models[J]. European Journal of Operational Research, 247 (3): 685-698.

Wei Y, Chen Y. 2011. Joint determination of inventory replenishment and sales effort with uncertain market responses[J]. International Journal of Production Economics, 134 (2): 368-374.

Wu J, Ouyang L Y, Goyal S K. 2014. Optimal credit period and lot size for deteriorating items with expiration dates under two-level trade credit financing[J]. European Journal of Operational Research, 237 (3): 898-908.

Xiao T, Xu T. 2013. Coordinating price and service level decisions for a supply chain with deteriorating item under vendor managed inventory[J]. International Journal of Production Economics, 145 (2): 743-752.

Xu G Y, Dan B, Zhang X M, et al. 2014. Coordinating a dual-channel supply chain with risk-averse under a two-way revenue sharing contract[J]. International Journal of Production Economics, 147: 171-179.

Yan R, Pei Z. 2009. Retail services and firm profit in a dual-channel market[J]. Journal of Retaling & Consumer Services, 16 (4): 306-314.

Yang S, Lu Y, Gupta S, et al. 2012. Mobile payment services adoption across time: An empirical study of the effects of behavioral beliefs, social influences, and personal traits[J]. Computers in Human Behavior, 28 (1): 129-142.

Zhang J, Zhang R Q. 2014. Optimal replenishment and pricing decisions under the collect-on-delivery payment option[J]. OR Spectrum, 36 (2): 503-524.

Zhao M. 2012. Sooner rather than later? The implications of delay on enjoyment and consumption[J]. Advances in Consumer Research, 40: 168-172.

Zhong Y G, Z Y W. 2013. Improving the supply chain's performance through trade credit under inventory-dependent demand and limited storage capacity[J]. International Journal of Production Economics, 143 (2): 364-370.